TRAUMSTRASSEN SÜDAMERIKA

Ob auf traumhaften Küstenstraßen oder verschlungenen Regenwaldpfaden, ob auf abenteuerlichen Gebirgsstrecken, endlos-einsamen Schotterpisten oder gepflasterten Gassen zauberhafter alter Kolonialstädte: Wer durch Südamerika reist, dem bietet sich eine Vielzahl überwältigender Natur- und Kulturerlebnisse.

Ein riesiges Feuchtgebiet ist das Pantanal in Brasilien.

»Ciudade maravilhosa«, wunderbare Stadt, wird Rio de Janeiro von den Einheimischen genannt. ▷

TRAUMSTRASSEN

SÜDAMERIKA

FOTOS OLAF MEINHARDT
HUBERT STADLER
RAINER WATERKAMP

TEXT MICHAEL ALLHOFF
KLAUS HART
GERALD PENZL
RAINER WATERKAMP

Südwest

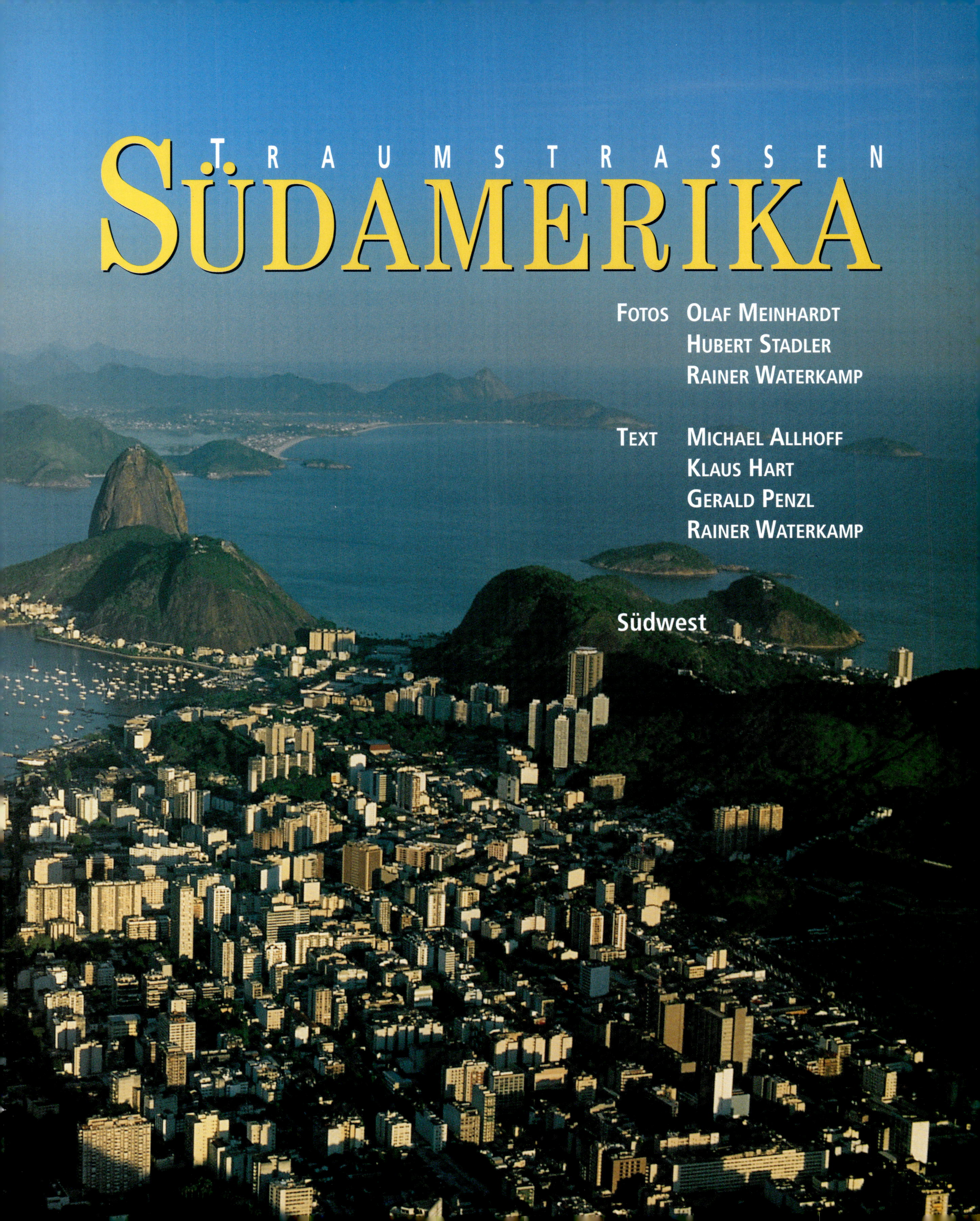

ROUTE 5

ROUTE 6

ROUTE 7

ROUTE 8

Route 1

Von Caracas durch Venezuela. *Wer sich auf den Weg quer durch das an die Karibik grenzende Land im Norden Südamerikas begibt, wird die Begeisterung Alexander von Humboldts verstehen: Die tropische Vielfalt ist ohnegleichen und die Landschaft so eindrucksvoll wie sonst kaum irgendwo.*

Route 2

Auf dem Amazonas von Belém nach Manaus. *In der Hängematte dösen, durchs Fernglas wilde Tiere beobachten, die bunte Schar der Mitreisenden erleben und die Orientierung einfach dem Steuermann überlassen – fünf Tage dauert die abenteuerliche Fahrt mit einem kleinen Schiffchen auf dem größten Flußsystem der Erde.*

Route 8

Durch Peru und Bolivien. *Eisenbahn und Geländewagen sind die Verkehrsmittel der Wahl für die beiden Andenstaaten: Nur mit dem Zug gelangt man nach Machu Picchu, der weltberühmten Inkastätte, und nur allradangetrieben in die weißen, salzigen Weiten des Salar de Uyuni.*

Route 7

Von Chile nach Argentinien. *Von Santiago führt der Weg an den Pazifik und dann auf aufregenden Paßstraßen durch die Bergwelt der Anden, vorbei am höchsten Gipfel des amerikanischen Kontinents. Die liebliche Weinregion rund um Mendoza gibt einen Vorgeschmack auf die kulinarischen Genüsse, mit der die argentinische Hauptstadt aufwartet.*

Trekking in der Cordillera Blanca – *Zu Fuß durch die Berge* *Seite 20*
Die alte Silberroute – *Boliviens edle Metalle* *Seite 162*

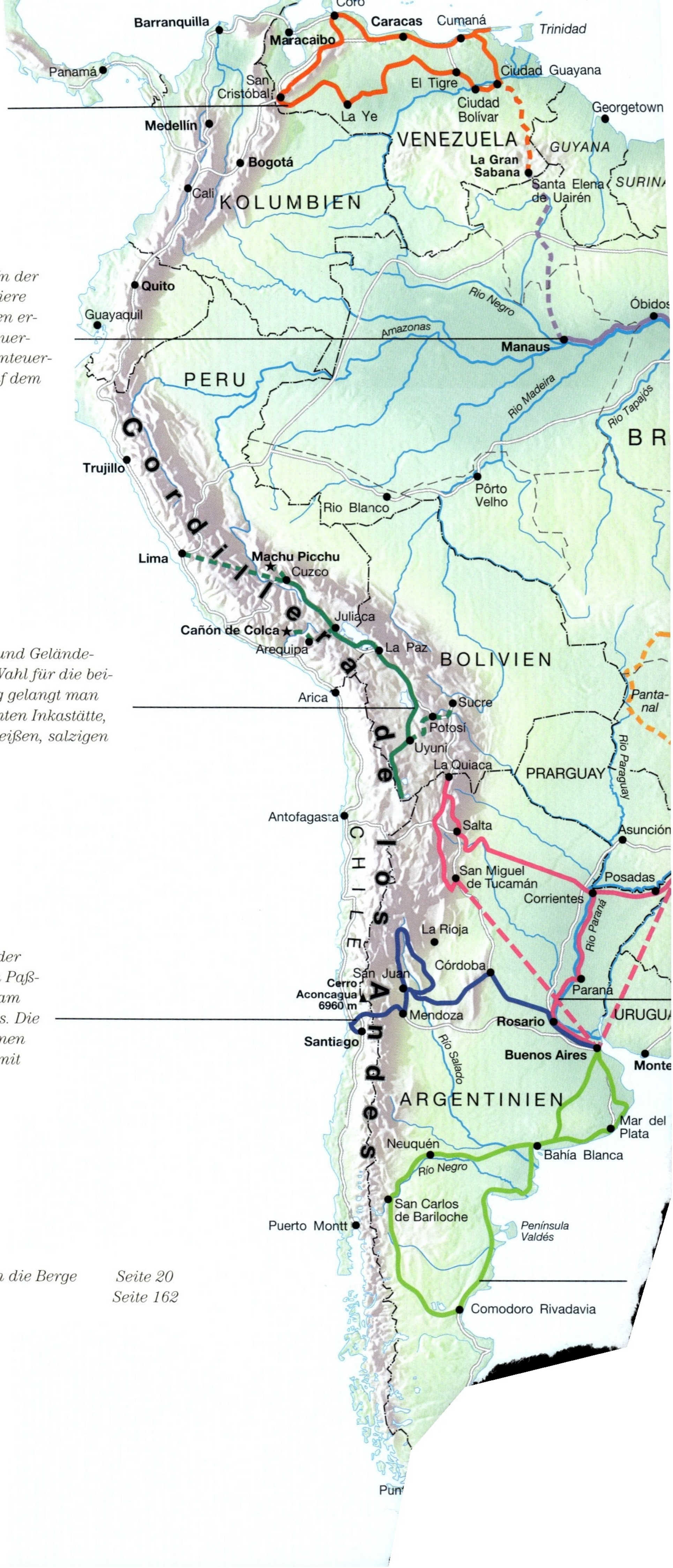

Die Routen

Route 3

Von Rio de Janeiro nach Fortaleza. *Brasilien darf sich rühmen, über den längsten Strand der Welt zu verfügen – er zieht sich viele tausend Kilometer den Atlantik hinauf. Ein beträchtliches Stück davon läßt sich auf dieser Route erkunden, und neben dem Strandleben laden faszinierende Städte wie Rio, Recife, Olinda und Fortaleza zum Entdecken ein.*

Route 4

Durch Brasiliens Mittelwesten. *Auf ausgetretenen Pfaden zu wandeln ist im Pantanal, dem exotischsten Gebiet des Landes, schlichtweg nicht möglich, denn große Überschwemmungen formen es immer wieder neu. Ausgesprochen großstädtisch geht es dagegen in der Retortenhauptstadt Brasília und in der Megametropole São Paulo zu.*

Route 5

Durch den argentinischen Norden. *Von Buenos Aires, dem Paris Südamerikas, in die wilde Schönheit des Nordwestens mit seinen zauberhaften Kolonialstädtchen und weiter zu den aufsehenerregenden Wasserfällen von Iguazú an der Grenze zu Brasilien: Auf der Fahrt durch den Norden Argentiniens bietet die Natur so manche Höhepunkte.*

Route 6

Rundreise durch Argentiniens Süden. *Mondäne Seebäder und einzigartige Tierparadiese am Atlantik, die Einsamkeit und Weite Patagoniens, bizarr versteinerte Wälder und der Schweizer Charme idyllischer Andenorte: Die Reise durch den argentinischen Süden ist reich an Abwechslungen.*

An eine phantastische Marslandschaft erinnert das rote Felsgestein in der Wüste von Siloli in Bolivien.

Kaleidoskop der Vielfalt

Der große Titicacasee an seiner engsten Stelle: Nur 800 Meter muß die Fähre zurücklegen, um die Autos von San Pablo nach Tiquina zu befördern.

In bunten, aufwendig gearbeiteten Kostümen feiert man in Cuzco, der peruanischen »Stadt der Inka«, jährlich am 24. Juni das Sonnenfest, das alte Inkarituale und -kulte wiederbelebt.

Aus der Luft in 3000 Meter Flughöhe leuchtet das Land in einem unwirklichen Licht. Als die Sonne die Wolken durchbricht, glitzern die Flüsse, Seen und Fjorde Feuerlands im Dunkelgrün der Wälder. Patagonischer Sturm rüttelt an den Tragflächen der »Twin Otter«. Wie auf einer Achterbahn schlingert die kleine Propellermaschine über der Magellanstraße auf und ab.
Kap Hoorn, »land's end«: Im Tiefflug steuert das Flugzeug auf die Felsnase zu, kurvt in 100 Meter Höhe an den Felsen vorbei und zieht hoch. Für die Segler auf Windjammern wie der »Resolution«, »Pamir« oder »Cutty Sark« war das südliche Ende Südamerikas die letzte Herausforderung, wenn sie in tosenden Stürmen tagelang gegen turmhohe Wellen kreuzten, gegen Trostlosigkeit und Todesangst rangen und darum, Kap Hoorn zu umrunden. Die Südspitze Südamerikas auf 55°58'30 südlicher Breite – eine magische Wendemarke der Seeschiffahrtsgeschichte – ist vom Flugzeug aus schlicht eine weitere graue Klippe im Ozean.

Die spanische Konquista. Am Hafen von Santo Domingo, der Hauptstadt der Dominikanischen Republik, erinnert der Monumentalbau Faro de Colón an den Landfall von Christoph Kolumbus (1451 bis 1506), dem Seefahrer, der Indien suchte und Amerika fand. Santo Domingo war

Von Jesuiten erbaut wurde die Iglesia La Compañia an der zentralen Plaza de Armas in Cuzco, auf der es sich angenehm verweilen läßt.

Der Naturforscher Alexander von Humboldt in Südamerika (oben und Mitte). – Ananas (unten). – Die Neugründung von Buenos Aires 1580 (rechts).

die erste spanische Stadtgründung in der Neuen Welt. Hinter der Fassade des Kolumbuspalastes trafen sich im 16. Jahrhundert die Konquistadoren Amerikas zur militärischen Lagebesprechung: Dort hielt Hernán Cortés (1485–1547) Hof, bevor er das mexikanische Aztekenreich eroberte, und Francisco Pizarro holte sich letzte Instruktionen für seinen Feldzug gegen die Inka in Peru. In den Gassen der Altstadt erinnern die Stadtpaläste mit ihren schmiedeeisernen Balkonen und reichverzierten Portalen an Sevilla, Córdoba und Granada. Die prächtige Kolonialarchitektur zeugt von der Macht eines Reiches, in dem, wie es heißt, die Sonne nie unterging. Über dem Portal der Kathedrale prangt der Habsburger Doppeladler: Santo Domingo diente Kaiser Karl V. als Ausgangspunkt zur Eroberung Amerikas. Heute ist die Dominikanische Republik das Fernreiseziel Nummer 1 in der Karibik. Jahr für Jahr reisen zweieinhalb Millionen inselreife Touristen an, um in diesem tropischen Garten Eden Urlaub zu machen. Internationale Touristikunternehmen scheffeln nun das Gold, das Kolumbus einst hier vergeblich suchte.

Der Schatz der Anden. In Sucre, der weißen Stadt in den bolivianischen Anden, bieten Indígenas, die Ureinwohner, an

der Plaza 25 de Mayo in Ponchos gehüllt und barfuß oder in Sandalen aus Autoreifengummi ihre handgewebten Stoffe an. Die Aymara sind zäh, stolz und geduldig. Sie haben sich in der rauhen Welt der bolivianischen Anden bis heute nicht unterwerfen lassen – nicht von der Hochkultur Tiahuanacos, die um 400 v. Chr. gigantische Tempelanlagen auf dem Altiplano errichtet hatte und tausend Jahre später unterging, nicht durch das Reich der Inka, das im 16. Jahrhundert unter seinen letzten Herrschern Atahualpa, Huáscar und

Tupac Amaru von 180 spanischen Konquistadoren erobert wurde, und auch nicht von den spanischen Kolonialherren. Unbeugsam halten die Aymara bis heute an ihrer bodenständigen Lebensweise fest und trotzen den steinigen Terrassenäckern der Berge ihr tägliches Brot ab. Sie weigern sich, Spanisch zu lernen, und sie werfen mit Tomaten nach Touristen, die sie ungefragt fotografieren.

Das 1540 gegründete Sucre war drei Jahrhunderte lang die Hauptstadt des Vizekönigreichs La Plata. Der einst sagenhafte Reichtum an Silber linderte das Elend der Andenvölker seit dem blutigen Feldzug Francisco Pizarros von 1531 nicht, sondern hat es, verglichen mit der Situation während der Inka-Herrschaft, noch verschärft. Die koloniale Dreifaltigkeit – das Schwert, das Kreuz und die Zwangsarbeit – brachte Millionen von Menschen, insgesamt 90 Prozent der ursprünglichen Bevölkerung, innerhalb weniger Generationen um Land und Leben. Eine Reise nach Bolivien ist auch eine Begegnung mit einem Land, das wie kein anderer südamerikanischer Staat mit seiner kolonialen Vergangenheit zu kämpfen hat.

Im Jahr 1544 entdeckten spanische Soldaten einen rötlichbraunen Felsen in den Anden, den die Aymara »Sumaj Orcko«,

Nach ihm wurde Amerika benannt: der italienische Seefahrer Amerigo Vespucci mit historischer Karte (links oben; Zeichnung, um 1513). – Französische Karte von Mittel- und Südamerika um 1550 (oben). – Siedlung der holländischen Westindien-Kompanie in Brasilien (unten; Aquarell aus dem »Tierbuch« von Zacharias Wagner, entstanden 1634–1637). – Ein holländischer Kolonist wird von schwarzen Sklaven getragen (links; Aquarell aus dem »Tierbuch« von Zacharias Wagner).

Dreharbeiten mit Bodenhaftung (Mitte): Mit einem Dokumentarfilm über Feuerland wurde Gunther Plüschow auch in Deutschland bekannt.

Stolz stellten sich die Einheimischen dem Fotografen (oben und unten). – »Silberkondor« nannten die Patagonier ehrfürchtig Plüschows (kleines Bild rechts; Foto von 1914) offenen Heinkel-Doppeldecker (großes Bild).

Über den Anden

Er war der erste Mensch, der die patagonischen Anden, Feuerland und Kap Hoorn überflog und die erste Luftpost von Punta Arenas in Chile nach Ushuaia in Argentinien brachte. Der deutsche Luftfahrtpionier Gunther Plüschow, geboren am 8. Februar 1886 in München, flog bereits 1928 mit seinem offenen, einmotorigen Heinkel-Doppeldecker He 24 W über die patagonischen Anden – zu einer Zeit, als die Fliegerei noch in den Kinderschuhen steckte. Denn erst 1903, nur 25 Jahre zuvor, waren den Gebrüdern Wright die ersten gesteuerten Motorflüge geglückt. »Condor de plata« (Silberkondor) – so nannten die staunenden Chilenen sein Flugzeug. Der deutsche Flieger wurde in Patagonien bekannter als in seinem Heimatland. Im Auftrag des Argentinischen Kartographischen Instituts fotografierte Plüschow die südlichen Anden aus der Luft. Sein Dokumentarfilm »Silberkondor über Feuerland«, den in Deutschland Tausende von Zuschauern besuchten, war der erste abendfüllende Kulturfilm seiner Zeit. Plüschow kämpfte mit Stürmen, schlechten Sichtverhältnissen und vereisten Tragflächen inmitten einer Bergwildnis, die zuvor noch nie ein Mensch gesehen hatte.

Am 28. Januar 1931 starteten Plüschow und sein Bordmechaniker, Ingenieur Ernst Dreblow, zu ihrem letzten Flug. Tagelang hatten sie versucht, gegen treibende Eisberge und Fallböen aus einem Felskrater der Hochkordillere, in den sie »ein unheimlicher, nie erlebter Luftstrudel mit aufklatschenden Schwimmern« geschmissen hatte, herauszukommen. Plüschows dramatischer letzter Logbucheintrag: »Starten ist unmöglich, es schwimmen noch zu viele Eisbrocken vom Gletscherbruch herum, die uns die Schwimmer neu aufreißen können.« Und weiter: »Wir müssen jetzt starten! ... Ist der Fliegertod mein Fliegerlos – dann nicht hier!« Vergeblich: Die »Tsingtau 1313« zerschellte, von einer Fallböe in die Tiefe gerissen, im eisigen Wasser des Brazo Rico. »kapitän gunther plüschow und begleiter mit flugzeug silberkondor tödlich abgestürzt«, telegraphiert am Nachmittag des Unglückstages der Transradio-Depeschendienst aus Buenos Aires.

schöner Berg, nannten. Der 4700 Meter hohe, pyramidenförmige Gipfel barg die reichsten Silbervorkommen der Welt und wurde daraufhin »Cerro Rico«, reicher Berg, getauft: 16000 Tonnen Silber, dreimal mehr als die gesamten gegenwärtigen Edelmetallreserven Europas, förderte die spanische Krone. Scharen von Abenteurern aus Übersee strömten in das Andenhochland. Das am Fuß des Berges gelegene Potosí avancierte zur weltgrößten Stadt seiner Zeit. Inmitten der bizarren und lebensfeindlichen Mondlandschaft des Altiplano gelegen, zählte das südamerikanische Eldorado bereits im Jahr 1573 mehr als 120000 Einwohner und stellte sowohl London als auch Paris und Madrid an Prachtentfaltung in den Schatten.
Das Silber aus Potosí finanzierte Spaniens Aufschwung zur stärksten Macht des Abendlands, während in den Stollen des Silberbergs von Potosí Tausende von Menschen durch Zwangsarbeit ihr Leben verloren. Insgesamt acht Millionen Indígenas kamen in den Minen der Anden durch Erschöpfung, Krankheiten und Unterernährung zu Tode. In seinem Augenzeugenbericht bezeichnete der Dominikanermönch Bartolomé de las Casas (um 1474–1566) den Cerro Rico als die »Eingangspforte zur Hölle«.

Freiheit und Unabhängigkeit. Am 25. Mai 1809 läuteten die Glocken der Iglesia de San Francisco in Sucre einen epochalen Zeitensprung ein. »Independencia y libertad«, Unabhängigkeit und Freiheit, lautete das Fanal gegen die Kaisermacht in Übersee. In der Universitätsstadt Sucre, dem intellektuellen Zentrum der Anden, kündigte sich der Geist des Humanismus und der Aufklärung an, um

Der Personenverkehr zwischen Lima und Huancavelica wurde inzwischen eingestellt (links). – Umschlagplatz für Zuckerrohr in Recife (unten).

Die Idylle trügt (oben): Das Leben der Gauchos in der Freiheit der Pampa oder Patagoniens war meist hart und entbehrungsreich und keineswegs so romantisch, wie es oft dargestellt wird.

Ankunft in der Neuen Welt: In der zweiten Hälfte des 19. Jahrhunderts wanderten Millionen von Europäern nach Südamerika aus, um hier ihr Glück zu suchen (links).

Schlag auf Schlag folgten Argentinien (1816), Chile (1818), Kolumbien (1819), Peru und Venezuela (1821), Bolivien (1825), Uruguay (1828), Ecuador (1830) und schließlich Brasilien (1889).
Heute dienen viele der kolonialen Herrschaftssitze als noble Touristenherbergen, ausgestattet mit lederbezogenen Sesseln aus Sevilla, silbernen Kronleuchtern und üppig ornamentierten Barockspiegeln.

Zwischen Mittelalter und Moderne. Auf dem Mercado de Hechicería, dem »Hexenmarkt« von La Paz an der Ecke der Kolonialgassen Sagárnaga und Illampu, trifft man alte Frauen mit zerfurchten Gesichtern und blitzenden Augen, die sich auskennen mit Heilkräutern und Fetischen. Fausta Uñol ist eine von ihnen: Mit flinken Griffen stellt die Indígena-Frau einen Opferteller für Pachamama, Mutter Erde, zusammen. Der Geisterbeschwö-

Werner Herzogs Film »Fitzcarraldo« erzählt von einem Träumer, der im peruanischen Urwald ein Schiff über einen Berg ziehen läßt (oben). Berühmte Literaten: Gabriel García Márquez (Mitte links), Isabel Allende (Mitte) und Pablo Neruda (Mitte rechts). – Der Freiheitskämpfer Simón Bolívar (unten links), Brasiliens Staatsoberhaupt Fernando Cardoso (unten Mitte) und Chiles Präsident Ricardo Lagos (unten rechts).

bald ganz Südamerika zu überstrahlen. Das bürgerliche Zeitalter hatte auch in den Anden begonnen und ließ sich selbst durch Waffengewalt nicht mehr aufhalten. Simón Bolívar hieß der Held der Unabhängigkeitskriege Südamerikas – der Mann, der sich in Rom geweigert hatte, dem Papst die Füße zu küssen und am Monte Sacro gelobte, für die Befreiung der Andenstaaten vom spanischen Joch zu kämpfen. Am 14. Mai 1811 wurde in Paraguay als erster Republik Südamerikas die rot-weiß-blaue Fahne der Freiheit gehißt.

rung dienen bunte Zuckeroblaten mit Symbolen für Reichtum, Gesundheit und Erfolg. Darüber verteilt Doña Fausta Kräuter und Lametta. »Suerte me traes, pachamamíta«, murmelt sie – »auf daß du mir Glück bringst, Mütterchen Erde«. Verbrennen müsse man die Opfergabe, einen Schluck Schnaps ins Feuer gießen und die Asche anschließend vergraben.
Die bolivianische Hauptstadt scheint einen Spagat zwischen Mittelalter und Moderne zu machen, zwischen Indígenatradition und Coca Cola, dem Wahrzeichen

einer amerikanisch geprägten Konsumgesellschaft. An der Mauer der Universität prangt noch das überlebensgroße Wandbild Che Guevaras, Ikone einer gescheiterten Revolution, die den Bauern ein besseres Leben verheißen hatte. Das Porträt ist verwittert, die Farbe abgeblättert.

Auf dem Dach der Anden. 8800 Kilometer erstreckt sich die Kordillere der Anden entlang der Pazifikküste Südamerikas. In dem vulkanischen Felsmassiv erheben sich die nach Himalaya und Hindukusch höchsten Berge der Welt – darunter der Aconcagua (6960 m), der Chimborazo (6310 m), der Huascarán (6768 m) und der Illimani (6450 m). Für Naturbegeisterte und Bergsteiger sind die Anden mit ihrer einzigartigen Landschaft aus verschneiten Gebirgen, steilen Schluchten, Flüssen und Seen ein Paradies.

Gute sechs Stunden dauert die Wanderung zum Vulkan Chimborazo, dem höchsten Gipfel Ecuadors. Kurz nach Mitternacht bricht man von der 4900 Meter hoch gelegenen Berghütte Fabian Zurita aus auf, um im ersten Tageslicht den Paso del Diablo zu durchsteigen, die steile, 40 Meter hohe »Teufelswand« aus ewigem Eis. Schritt für Schritt geht es über Schnee- und Eisfelder den Steilhang des Vulkans hinauf. Zwar sind Pickel und Steigeisen erforderlich, dennoch stellt der Chimborazo technisch keine allzu große Herausforderung dar. In erster Linie macht den Wanderern die Höhe zu schaffen. Wer zu

Brasilien im Film: bei den Dreharbeiten zu dem zweiteiligen Film »Traumstraßen der Welt« (1958/1961), im Hintergrund der Nationalkongreß in Brasília (links). – »O cangaceiro«, ein Filmmelodram um die Gesetzlosen des Sertão, des trockenen, unfruchtbaren Hinterlands von Brasilien, war 1953 ein großer internationaler Erfolg (unten).

Die Popularität von Evita Perón, hier dargestellt von Florence Lacey, ist fast fünfzig Jahre nach ihrem Tod ungebrochen (oben). – Sportstars: der Fußballer Pelé (links Mitte) und der 1994 tödlich verunglückte Rennfahrer Ayrton Senna (links unten).

Zu Fuß durch die Berge

Die populärste Trekkingregion Südamerikas ist die Cordillera Blanca in den peruanischen Zentralanden. Auf einer Länge von 180 Kilometern erstreckt sich die rund 20 Kilometer breite »Weiße Kordillere« und ist damit das größte vergletscherte Gebirge der Tropen. Siebenundzwanzig über 6000 Meter hohe Gipfel, 663 Gletscher, 296 Seen und 41 Flüsse gestalten die phantastische Landschaft des etwa 350 Quadratkilometer großen Parque Nacional Huascarán, der den gesamten Gebirgszug umfaßt. Am Fuß des Cerro Huascarán, mit 6768 Metern Perus höchster Berg, sind einige traumhafte Trekkingrouten zu finden, zum Beispiel jene von der Seenplatte Llanganuco in das Dorf Santa Cruz. Die 50-Kilometer-Wanderung, für die man vier bis fünf Tage benötigt, bietet grandiose Ausblicke auf gletscherbedeckte Gipfel wie den Huascarán, den Chopicalqui (6354 m), den Taulliraju (5830 m) und den Huandoy (6395 m). Die Tour ist, selbst wenn man sich gut akklimatisiert hat, anstrengend und anspruchsvoll, weil große Höhen auf schlüpfrigen Pfaden zu überwinden sind. Acht Kilometer lang ist der Weg von den Lagunas Llanganuco bis zur Paßhöhe Portachuelo (4770 m). Der Aufstieg dauert etwa vier Stunden. Entlang des Flusses Huaripampa geht es weiter durch Schluchten und an türkisfarbenen Seen vorbei zum 4750 Meter hoch gelegenen Paß Punta Unión, einem steilen Steig über einem Einschnitt in der Granitwand am Fuß des Gipfels Taulliraju, dessen Gletscher in die Laguna Taullicocha kalben. Der letzte Teil des Aufstiegs führt auf einer aus dem Fels gehauenen Treppe bis zur Paßhöhe. Von hier aus bietet sich dem Wanderer ein herrlicher Blick zurück auf das Tal, durch das er nach oben gestiegen ist. Zur Rechten strahlen die Schneefelder des Chacraraju (6100 m), und die Gipfel von Huascarán und Chopicalqui leuchten am Horizont auf. Über ebene, sumpfige Wiesen am Ufer der Laguna Grande führt der Weg im Schatten der Gipfel von Alpamayo (5947 m) und

Wanderungen in der Anden-Bergwelt Perus mit ihren zahlreichen Sechstausendern gehören zu den unvergeßlichen Erlebnissen einer Südamerikareise. Höhepunkte: im Angesicht des gewaltigen Yerupajá (oben), Blick von 5530 Meter Höhe (Mitte), die Eisriesen der Cordillera Huayhuash (großes Bild).

Santa Cruz (6259 m) gen Westen. Der nun folgende Abstieg ist gut zu bewältigen, die Schlucht wird enger und öffnet sich schließlich zum Tal von Santa Cruz, das man, von der Laguna Grande ab gerechnet, nach etwa sechs Stunden erreicht. Unabdingbar ist eine gute, für Wanderungen in großen Höhen geeignete Ausrüstung mit regendichtem Zelt und einem Schlafsack, der auch bei Temperaturen unter dem Gefrierpunkt noch gut wärmt. Es kann tagsüber zwar überraschend heiß werden, ohne warme Kleidung kommt man jedoch in den gewaltigen Höhen nicht aus. Weil Feuerholz schwer zu beschaffen ist, darf auch ein Gaskocher nicht fehlen. Gutes Kartenmaterial vertreibt der South American Explorer's Club; detaillierte Wanderführer sind in Limas Buchhandlungen erhältlich. Der grandiose Nationalpark rund um den Gipfel des Huascarán, der Jahr für Jahr knapp 100 000 Menschen anlockt, wurde 1977 von der UNESCO zum Biosphärenreservat erklärt. Jeder Besucher muß sich, bevor er loswandert, im Hauptbüro der Parkverwaltung registrieren lassen.

Schneeglitzernder Faltenwurf: die Südwestwand des Alpamayo (oben). – Rastplatz mit spektakulärer Aussicht (links).

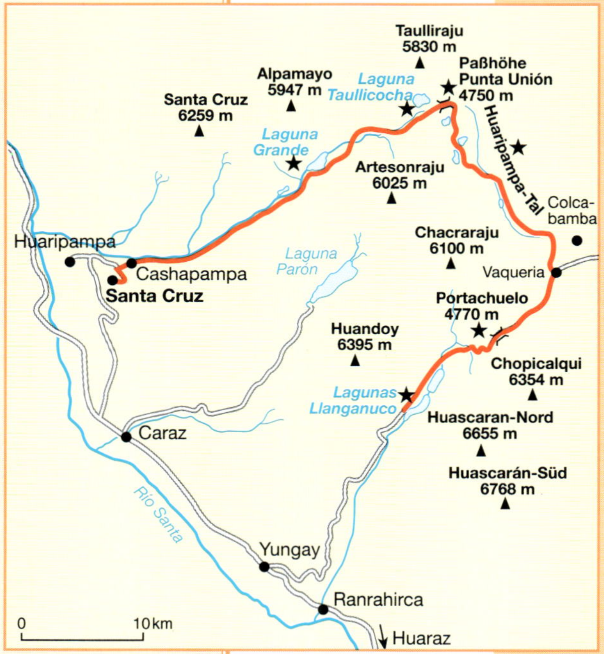

Gottes Beistand auf ihren Wegen erhoffen sich die Autofahrer in Südamerika von der Weihe ihres Neuwagens (oben) – angesichts einer Straße wie dieser abenteuerlichen Schotterpiste durch die Cuesta del Obispo bei Salta, Argentinien, ist dies nicht verwunderlich (großes Bild).

schnell geht, ringt in der dünnen Luft bald nach Atem und sieht Sternchen. Doch die Mühe wird mit einem grandiosen Panoramablick über die Andenkordillere belohnt: Am Horizont sieht man den Cotopaxí im ersten Morgenlicht blaßrosa über den Wolken schimmern.

Im Regenwald des Amazonas. Südamerika ist ein Kontinent der Superlative. Besonders eindrucksvoll demonstriert dies der Amazonas: Sieben Millionen Quadratkilometer groß ist sein Einzugsgebiet – das entspricht annähernd der Fläche der USA. Er hat eine Länge von rund 6700 Kilometern und ist die zentrale Sammelader aller Gewässer im Amazonastiefland. Etliche seiner mehr als tausend Zuflüsse sind länger als der Rhein. Seine Breite schwankt zwischen 2 Kilometern bei Óbidos und 250 Kilometern im Mündungsgebiet. Vom Atlantik bis nach Iquitos im Nordosten Perus läßt sich der Amazonas mit großen Schiffen befahren.

Im dämmrigen Licht des tropischen Dschungels wachsen Bromelien, Orchideen, Schiefblatt, Anthurien, 10 Meter ho-

Endstation am Viadukt La Polvorilla in den argentinischen Anden: der »Zug in die Wolken« (Mitte). – Imbiß im Touristenzug von Cuzco nach Machu Picchu (unten). – Auf dem Sonntagsmarkt im bolivianischen Tarabuco (rechts unten).

Ob durch das ewige Eis am 4780 Meter hohen Agua-Negra-Paß (links) oder vorbei an den bizarr geformten Felsen in der Schlucht von Talampaya (unten): Wer mit dem Auto in Argentinien unterwegs ist, wird von der Landschaft begeistert sein.

he Farne und fast 100 Meter hohe Bäume, die, mit Efeu und Moos bedeckt, über und über grün sind. Tiefschwarze Kolibris flirren vor roten und gelben Blüten. Der Urwald ist Lebensraum für Ozelots, Pumas und Jaguare, für Faultiere, Tapire, Opossums und Krokodile, für riesige Anakondas, Papageien, Tukane und Dutzende von Affenarten. Als das »unvollendete Kapitel der Schöpfung« hat der brasilianische Schriftsteller Euclides da Cunha (1866 bis 1906) Amazonien einmal bezeichnet.

Mehr als 100 Millionen Jahre Evolution brachten die Vielfalt dieses einmaligen ökologischen Systems hervor. Leider droht der Mensch dieses System nun in sehr viel kürzerer Zeit zu zerstören. Profitgier und Ignoranz sind die Kennzeichen einer kolonialen Ökonomie, die jahrhundertelang auf der rücksichtslosen

Argentinische Kontraste: Kakteenwüste bei Salta (oben), Bergwelt bei Esquel (unten).

Ein Leben im Sattel

Wer sie bei einer »doma«, dem Zureiten wilder Jungpferde, gesehen hat, könnte glauben, diese Männer seien im Sattel geboren: Mit spielerischer Leichtigkeit halten sich die Gauchos auf dem bokkenden Tier, ihre linke Hand krallt sich in die Mähne, in der rechten halten sie eine Lederpeitsche, die sie immer wieder auf die Flanken des tobenden Pferdes sausen lassen. Das Tier schlägt mit den Hinterbeinen aus, springt in die Luft und versucht, seinen Reiter abzuwerfen – vergeblich. Auch im Umgang mit dem Lasso zeigen die südamerikanischen Cowboys

akrobatisches Können. In fliegendem Galopp fangen sie mit der Schlinge ausbrechende Rinder an den Hinterbeinen ein.
Ein beliebter Wettkampf, der außer reiterischem Geschick auch eine ruhige Hand erfordert, ist die »sortija«, bei der es darum geht, aus dem Ritt heraus mit einer Nadel (sortija) einen Ring aufzufädeln, der an einem Torpfosten hängt.
Als Argentinien 1816 von Spanien unabhängig wurde, verpachtete der Staat riesige Ländereien zu Spottpreisen an wenige Familien, die über Nacht zur ländlichen Oligarchie des Landes aufstiegen. Weitläufige Estancias, Landgüter mit einer Größe von 3000 bis 200 000 Hektar, bildeten fortan die Lebensgrundlage der Menschen im Süden von Südamerika.
Das war die Geburtsstunde des Gaucho und des Estanciero, den zwei so gegensätzlichen Archetypen Argentiniens. Der eine, Kind der Blutsvereinigung von Spaniern und Indianern, war arm und doch ungebrochen in seinem Stolz. »Dios es gaucho!« – Gott ist Gaucho! – lautet ein Spruch in der Pampa. Der andere, Nachfahre spanischer Offiziere oder britischer, italienischer und französischer Einwanderer, war als Estanciero Feudalherr, Richter und Bürgermeister in Personalunion und war ungemein wohlhabend.

Gut gespornt (rundes Bild): Das reiterische Können der Gauchos ist legendär (oben und unten). – Nach Feierabend entspannen sich die argentinischen Rinderhirten bei einem Becher Mate (Mitte).

Die Gauchos streiften auf ihren Pferden durch das menschenleere Hinterland und lebten von der Jagd auf herumstreunende Rinder und Nandus. Aus Rinderhäuten und Schaffellen errichteten sie ihre Zelte. Von den Ureinwohnern übernahmen sie die Technik, Tiere mit Hilfe der »boleadora«, drei am Ende langer Stricke befestigter lederumhüllter Wurfkugeln, zu Fall zu bringen. Die Gauchos ritten barfuß, nur ihre Waden umwickelten sie zum Schutz gegen dornige Sträucher mit frischen, noch blutigen Kalbshäuten, die am Bein trockneten und dann so lange getragen wurden, bis sie verschlissen waren. Doch diese Reiter des 19. Jahrhunderts gibt es heute nicht mehr. Als man begann, die Ländereien mit Stacheldraht einzuzäunen, konnten die Gauchos nicht länger frei umherstreifen, und ihr Leben änderte sich grundlegend. Sie mußten sich fortan als »peónes« – Tagelöhner – auf den Estancias verdingen und arbeiten dort heute als Vieh- und Schafhirten. Zwar haben sie sich die Kleidung und die Sitten von einst bewahrt, dennoch lebt der Gaucho als Symbol für schrankenlose Freiheit und unbeugsamen Individualismus nur noch im Nationalgefühl des argentinischen Volkes fort.

Die Gauchos der Neuzeit arbeiten als Rinder- und Schafhirten (großes Bild und links unten) auf den Estancias (oben), riesigen Landgütern in Argentinien, deren herrschaftliches Ambiente heute auch Touristen offensteht (unten).

Tellergrosse Steaks

Saftig gebraten und zart wie japanisches Sushi – argentinisches Rindfleisch schmeckt unvergleichlich gut. Die Auswahl der Fleischkarte in den »parrillas«, den Steakhäusern von Buenos Aires, ist lang: Als erster Gang bieten sich »morcillas« (Blutwürstchen), »empanadas« (gefüllte Teigtaschen) oder »chorrizos« (Schweinswürstchen) an. Zu den beliebtesten Hauptgerichten zählen das »bife de churrasco«, ein meist tellergroßes Steak vom Grill, die »tira de asado«, Rinderbraten, oder das »bife de lomo« (Filetsteak). Wer sein Steak gut durchgebraten mag, bestellt es »bien hecho«; medium heißt »a punto«, blutig »jugoso«. Mit über 100 Kilogramm Fleisch jährlich verzehrt der Argentinier die dreifache Menge im Vergleich zum deutschen Konsum.

Die indianischen Ureinwohner Brasiliens sind eine im wahrsten Sinn des Wortes verschwindend geringe Minderheit. Profitgier und tödliche Krankheiten bedrohen ihre Existenz und damit auch ihre traditionelle Lebensweise, die auf historischen Aufnahmen festgehalten ist: Ein großer Tontopf wird mit Firnis überzogen (oben), Jagd (Mitte), Frühstück bei einem Tanzfest am Rio Tiquié (unten).

Ausbeutung der Natur basierte. Erst seit wenigen Jahren findet ein Umdenken statt: Bürgerinitiativen, Regierungen und multinationale Konzerne engagieren sich zunehmend für eine naturverträgliche Entwicklung der Region.

Traumstrände am Atlantik. Der Kontrast könnte größer kaum sein: dort die Katastrophenszenarien des Regenwaldes, hier Ipanema, der berühmte Strand von Rio de Janeiro. Er hat eine magische Anziehungskraft – schon wenn man den Namen hört, werden Sehnsüchte nach Sonne, Süden und Samba wach. Weltbekannt wurde der Strand durch die Bossa-Nova-Hymne »Garota de Ipanema« (»Girl from Ipanema«) von Antônio Carlos Jobim. Narzißmus heißt die Religion der Cariocas, der Bewohner Rios, ihr Gottesdienst

Das Volk der Yanomani-Indianer lebt auch heute noch nach seinen uralten Sitten und Gebräuchen im Dschungel des Amazonas (großes Bild), doch ist seine Zukunft stark gefährdet. – Eine der unzähligen Tierarten im Amazonas-Regenwald: der Tapir (unten).

Ein sicheres Plätzchen im Tragetuch der Mutter: Yanomani-Kind (unten). – Mit Händen und Füßen spinnen die Frauen der Yanomani Baumwolle zu Garn (Mitte und links unten).

Aerobic, Jogging, Turnen und Tanz – am Strand oder in den über 6000 Fitneßzentren der Stadt. Weder in Kalifornien noch in New York ist man derart körperfixiert wie in Rio, wo sich alles um die lustvolle Selbstkasteiung im Dienst der Ästhetik von Bizeps, Po und Beinen dreht. Ipanema – das ist der Laufsteg für die schönen Männer und noch schöneren Frauen, ein wunderbarer Jahrmarkt der Eitelkeiten unter brasilianischer Sonne.

Itaúnas, Praia do Forte und Porto de Galinhas sind nur drei von mehreren hundert traumhaften Sonnenplätzen am längsten Strand der Welt, der sich viele tausend Kilometer entlang der brasilianischen Atlantikküste erstreckt. Weißer Sand, Palmen und blaues Meer vor dem Grün des Dschungels – in dieser tropischen Natur wähnt man sich im Paradies.

Bahias schwarze Götter. Eine palmwedelgedeckte Hütte auf Itaparica, einer Insel vor Salvador: rhythmisches Trommeln, hypnotisierender Gesang und der klirrende Klang mehrerer Berimbaus – afrikanische Instrumente, bestehend aus einem gebogenen Stab, einer Stahlsaite und einer Kalebasse als Resonanzkörper. Zwei Männer und eine ältere Frau, ganz in Weiß gekleidet, tanzen sich in Trance. Plötzlich zuckt die Frau zusammen, schüttelt sich, nimmt einen Schluck Zuckerrohrschnaps, spuckt aus und windet sich in schnellen Drehungen. Die Zuschauer verfolgen das Ritual gebannt.

Der Candomblé-Kult verbindet afrikanische Naturreligionen mit Elementen des

Der exponierte Sonnenstein Intihuatana (oben). Im »Gefängnis« von Machu Picchu (Mitte).

Zwei bis drei Stunden Zeit braucht man, um die weitläufige Ruinenanlage ausgiebig zu erkunden (großes Bild). Im Handwerkerviertel (rechts) wurden Steinwerkzeuge ausgegraben, der Tempelbezirk zeugt von der Bedeutung Machu Picchus als religiöses Heiligtum (oben).

Hochburg der Inka

Die Anfänge des Inkareichs gehen ins 12. Jahrhundert zurück. Der Legende nach hat sich der durch den Sonnengott Inti gesandte Manco Capac mit seiner Schwester Mama Ocllo im Tal von Cuzco niedergelassen, um die dort lebenden Menschen zu »zivilisieren«. Der Nachfahre der mythischen Figur Manco Capac, Huayna Capac (1493–1525), hatte Mitte des 16. Jahrhunderts zwölf Millionen Untertanen.

Als grandiosestes Bauwerk der Inka gilt Machu Picchu, was soviel bedeutet wie »alter Gipfel«. Es liegt 2350 Meter hoch, rund 120 Kilometer nordwestlich von Cuzco in der Kordillere Vilcabamba. Ob die Ruinen mit der phantastischen Aussicht über den Río Urubamba als Festung, Stadt oder Palast dienten, ist derzeit nicht bekannt. Bewohnt war Machu Picchu von Mitte des 15. bis zu Beginn des 16. Jahrhunderts.

Das Reich der Inka war hoch zentralisiert und streng hierarchisch aufgebaut. Seine Basis bildeten die Bauern, es folgten Handwerker, Beamte, Adelige, Priester und Militärs. Das Volk lebte in »ayllu« genannten Gemeinschaften von jeweils mehreren hundert Menschen, die das Land miteinander bewirtschafteten. Alle einte eine gemeinsame Sprache, Quechua, die noch heute von Millionen Bauern in den Anden gesprochen wird. Die Inka entwickelten eine große Meisterschaft im Organisieren und Verwalten des riesigen Reiches: Ihr 20 000 Kilometer umfassendes Straßennetz ist vergleichbar mit dem des Römischen Reiches; es ermöglichte den schnellen Austausch von Nachrichten durch Stafettenläufer und einen effektiven Warentransport. In den Fels wurden Treppen gehauen, über Schluchten Brücken errichtet, und im Abstand einer Tagesetappe gab es Verpflegungs- und Unterkunftsstationen.

Erst am 24. Juli 1911 wurde die »verlorene Stadt der Inka« inmitten des schwer zugänglichen Andenhochgebirges von dem amerikanischen Archäologen Hiram Bingham auf einer Expedition entdeckt. Die UNESCO deklarierte die faszinierende Ruinenanlage 1983 zum Weltkulturerbe der Menschheit. Etwa 300 000 Besucher werden hier jährlich gezählt. Sie nutzen die Eisenbahnverbindung von Cuzco aus für einen Tagesausflug zu dieser größten touristischen Attraktion Perus.

Katholizismus. Er entwickelte sich in Brasilien mit der Ankunft der ersten Yorubá-Sklaven aus Westafrika. Schätzungsweise dreieinhalb Millionen Menschen verschleppten portugiesische Sklavenhändler im Lauf von 350 Jahren auf die Zuckerrohr- und Kaffeeplantagen Brasiliens. Viele Millionen Schwarze starben während der kriegerischen Auseinandersetzungen in Afrika oder auf der Überfahrt. Als die Sklaverei 1891 abgeschafft wurde, stellten die Menschen schwarzafrikanischer Abstammung etwa die Hälfte der brasilianischen Bevölkerung. Candomblé wird heute durchaus nicht im Geheimen zelebriert. Zuschauer sind willkommen, auch wenn sie nicht an den Zeremonien teilnehmen dürfen. Orixás heißen die göttlichen Wesen, die sich dank ihrer »Axé«, ihrer positiven Kraft, in dazu erwählten Menschen offenbaren. Mit unterschiedlichen Identitäten ausgestattet, sind die Orixás die Hüter der verschiedensten Lebensbereiche. Von vielen gibt es eine Entsprechung im christlichen Glauben. Weil die christlichen Missionare es den Sklaven lange untersagt hatten, ihre traditionellen Religionen auszuüben, mußten sie ihre Gottheiten als katholische Heilige verkleiden. Die beliebteste Orixá Brasiliens ist Yemanjá: Sie gilt als die Mutter der Heiligen, ist großzügig und hilfreich und sorgt für reiche Ernten und guten Fang. Gern wird sie als Sirene mit Fischschwanz dargestellt. Candomblé ist heute populärer denn je und findet auch unter den Weißen zunehmend mehr Anhänger. Zum Neujahrsfest an der Copacabana pilgern Zehntausende Cariocas an den Strand, zünden Kerzen an und werfen weiße Blumen ins Meer, die sie Yemanjá zum Geschenk machen.

Weltenende. Ob in der weiten Pampa oder nahe der Fjorde und Gletscher der Anden – die strenge Schönheit und die schlichte Einsamkeit Patagoniens fasziniert jeden, der hierher kommt. Auf Chiles »Straße des Südens«, der Schotterpiste Carretera Austral, fährt man durch großartige Landschaften – durch weite Täler, durch Wälder, von einer meterdicken Schicht schwarzer Vulkanasche verschüttet, und vorbei an verwitterten Baumgerippen, die sich wie klagende Geistwesen in einen gelblichen Schneehimmel fingern. In halsbrecherischen Serpentinen geht es über sturmheulende Bergpässe hinein in tiefgrüne, farnverhangene Urwälder und bis an die stillen

Zu festlichen Anlässen pflegen die Peruaner buntgekleidet ihre musikalischen Traditionen.

Inkakunst: Goldfigur einer Konkubine (oben). – Tongefäß, um 1500 (Mitte). – Auf dem Titicacasee wird die Legende von der Entstehung des Inkareichs in Szene gesetzt (unten).

Die palmengesäumten und wenig bevölkerten Strände östlich des Städtchens Río Caribe auf der Península de Paria gehören zu den schönsten Venezuelas (großes Bild und rechts). – Wasservergnügen: auf einer Waldtour mit dem Rad (unten) und an karibischen Gestaden (oben).

Ufer des Sees Nahuel-Huapí, jenem riesigen, azurblauen Bergsee am Fuß der Anden. Gelegentlich begegnet der Reisende einem Gaucho, der auf seinem Pferd gemächlich zu irgendeinem Ziel trottet. Die Welt, die sich hier offenbart, wirkt geisterhaft und urzeitlich.

Punta Arenas, die südlichste Stadt der Welt, war bereits 1887 mit Trinkwasserleitungen, elektrischem Licht sowie den ersten Bürgersteigen ausgestattet und damit eine der fortschrittlichsten Siedlungen der Neuen Welt. Kinos, Tanzsäle und Theater brachten den in der Fremde lebenden Siedlern aus Europa ihre alte Heimat ein Stück näher. Prächtige Villen im Stil der Belle Époque wurden gebaut und mit französischem Nußbaumparkett und italienischem Marmor prachtvoll ausgestattet. Von der Stecknadel bis zum Konzertflügel, von den Kristallüstern bis zum Billardtisch – alles wurde über den Atlantik hierher geschafft.

In der Zeit von 1892 bis 1920 erlebte Punta Arenas seine goldene Ära. Die chilenische Hafenstadt florierte dank ihrer einmaligen Lage: Der kürzeste Seeweg von

New York nach San Francisco führte über die Magellanstraße. Anfang des 20. Jahrhunderts mußten alle Händler, die in Chile Salpeter, in Ostindien Gewürze und in Australien Weizen kauften, mit ihren Segelschiffen in Punta Arenas Station machen. Der damit verbundene Wohlstand ging sogar so weit, daß es Leute gab, die ihre schmutzige Wäsche per Schiff nach Hamburg in die Wäscherei expedierten. Dank des regen Fremdenverkehrs ist Punta Arenas auch heute wieder eine wohlhabende Stadt mit kosmopolitischem Flair.

Erlebnis Südamerika. Wer sich auf Südamerika einläßt, wird auf die eine oder andere Art und Weise betroffen sein, anteilnehmen an der Diskrepanz zwischen Reich und Arm, an der Ungerechtigkeit in der Verteilung der Chancen und dem Elend am Rand der Metropolen. Doch Südamerika hat heute auch die Kraft, ungeachtet der jahrhundertelangen Ausbeutung, ökonomisch zu überleben. Zwischen Anden und Amazonasdelta, zwischen Karibik und Kap Hoorn bietet der gewaltige südamerikanische Halbkontinent dem Reisenden eine großartige Vielfalt an Landschaften, Völkern und Kulturen und ein Kaleidoskop phantastischer Szenerien. Südamerika ist viele Reisen wert.

Mit dem Katamaran auf den venezolanischen Islas Los Roques (oben). – Ob am Stadtstrand Ipanema in Rio de Janeiro (Mitte), in Juangriego (links) oder in Canoa Quebrada (unten): An geeigneten Plätzen für Strandvergnügungen fehlt es in Brasilien nicht.

In den Llanos: Die Fähre über den Río Capanaparo verkehrt nur bis Sonnenuntergang.

Von Caracas durch Venezuela

ROUTE 1

In weiten Teilen gut erschlossen und dabei doch sympathisch zurückhaltend, so präsentiert sich der Norden des lateinamerikanischen Kontinents, dessen hervorstechendstes Merkmal das große Spektrum unterschiedlichster Landschaftsformen ist.

ROUTE 1

Von Palmen und luftigen Höhen

Die vielgesichtige Hauptstadt Caracas ist der Ausgangspunkt für eine Reise durch ein Land von großer Gegensätzlichkeit: Karibische Strände, so schön wie die Träume davon, die tierreichen Llanos del Orinoco, die Anden, die sich in Venezuela vergleichsweise freundlich zeigen, und die Savannenlandschaft im Südosten mit ihren eigentümlichen Tafelbergen.

Wer braucht noch einen grünen Hut? Augenblick – der nächste ist gleich fertig. Solche geflochtenen Kopfbedeckungen gibt es an vielen Stränden zu kaufen.

Caracas, so notierte Alexander von Humboldt (1769–1859) am Ende des 18. Jahrhundert, sei eine der nobelsten Metropolen der Neuen Welt. Er fand die Stadt außerordentlich schön – wegen ihrer malerischen Lage, ihres immerwährenden Frühlingsklimas und ihrer kolonialen Anmut. Wer heute nach *Caracas* kommt, wird die Stadt, wie sie der große deutsche Naturforscher vorfand, allerdings vergeblich suchen. »Otro mundo«, andere Welt, nennen die Menschen in Venezuela ihre Fünf-Millionen-Kapitale. Das ist die südamerikanisch-freundliche Umschreibung eines hyperhektischen Molochs, der, zwischen zwei Bergrücken eingeklemmt, aus allen Nähten platzt. Vom Flughafen Simón Bolívar in Maiquetía unten am Meer aus windet sich die Autopista über Brücken und durch Tunnels die grün verwucherten Ausläufer des rund 2800 Meter hohen Avila-Massivs hinauf. Nach einer halben Stunde wird der Verkehr dichter, die Straßen werden breiter und die Bauten spektakulärer. Im Zentrum, das auf 1000 Meter Höhe liegt, wird der Neuankömmling der markanten Glas-Beton-Türme des Centro Simón Bolívar, der Wolkenkratzerwelt rund um den Parque Central und der schicken Shoppingparadiese gewahr. Flanieren und Einkaufen läßt es sich in Caracas nirgends so gut wie auf den Boulevards von Sabana Grande. Sechs Metrostationen von dieser 2 Kilometer langen Fußgängerzone entfernt liegt die Haltestelle Capitolio, wo sich dem Besucher das Caracas der Kolonialzeit eröffnet. Die Stadt, 1567 von dem spanischen Eroberer Diego de Losada gegründet, war, verglichen mit Metropolen wie Quito oder Lima, lange Zeit eher unbedeutend. Das sollte sich Mitte des 18. Jahrhunderts ändern: Die Europäer entdeckten ihre Lust auf Schokolade, und nirgendwo gab es besseren Kakao als in der nahegelegenen Küstenregion Barlovento. Mit dem Kakaoboom hielten Glanz und Wohlstand in Caracas Einzug, wovon in der Altstadt, dem Centro Histórico, noch viel zu sehen und zu spüren ist. Die Plaza Bolívar, das Parlamentsgebäude Capitolio, die Kathedrale, das Rathaus, das Museo Bolívar und die Casa Natal, das Geburtshaus Bolívars, sind für Einheimische wie für Touristen heute gern aufgesuchte innerstädtische Ruheinseln.

Karibische Traumwelt. Von dem im Zentrum von Caracas gelegenen La Carlota Airport aus kann man sich per Airtaxi auf den vorgelagerten Archipel *Islas Los Roques* fliegen lassen, um dort Strände zu erleben, wie sie schöner nicht zu träumen sind. In den Oriente, den Osten des Landes, mäandert die RN 9, auf der man nach 80 Kilometern das feuchtheiße, von Kakaoplantagen geprägte Caucaguatal und an der Küste den *Parque Nacional Lagu-*

Die Gran Sabana birgt noch viele Geheimnisse – sie ist eine der faszinierendsten Landschaften der Erde.

Im Orinocodelta blüht die leuchtend rote Heloconia.

na de Tacarigua erreicht. Ein ausgedehntes Korallenriff trennt die Lagune vom Meer. Beherrscht wird die Szenerie von Palmenstränden, Mangrovenbuchten, Fischerdörfern – und dunkelhäutigen Einheimischen, den Nachfahren schwarzafrikanischer Sklaven, deren Urgroßväter

Caracas: An der Plaza Bolívar, seit Jahrhunderten Mittelpunkt der Stadt, geht es ruhig und heiter zu (oben). – Hauptsache frisch – auf einfachen Pritschen werden Marktfrüchte angeboten (unten).

einst als ebenso billige wie widerstandsfähige Arbeitskräfte in die hiesigen Kakao- und Zuckerplantagen verschleppt worden waren. Mythen und Riten ihrer aus Zentralafrika stammenden Kultur werden bis heute gepflegt und bereichern die im übrigen spanischen Bräuche und Traditionen.

Obwohl nur 10 Kilometer voneinander entfernt, könnten die Städte *Barcelona* und *Puerto La Cruz* unterschiedlicher kaum sein. Barcelona mit seinen 120000 Einwohnern ist ein Musterbeispiel provinziell-lethargischen Charmes. Das mehr

Kostbarer Fang in Juangriego, Isla Margarita.

als doppelt so große Puerto La Cruz dagegen präsentiert sich als modernes Öl- und Wirtschaftszentrum. Touristisch bedeutsam ist die vollmundig als »Acapulco Venezuelas« bezeichnete Hafenstadt durch den Paseo Colón, ihre mit vielen Hotels, Restaurants, Spielhallen und Boutiquen ausgestattete Uferpromenade. Wem das stadtnahe Strandleben wegen des regen Schiffsverkehrs nicht idyllisch genug ist, der findet an den gut 20 Kilometer weiter östlich gelegenen Stränden *Playa Aripito* und *Playa Colorada* palmengesäumte Badeparadiese. Beide Strände liegen am Rand des *Parque Nacional Mochima*. Die RN 9 windet sich über eine Strecke von 80 Kilometern an türkisfarbenen Buchten vorbei, die fjordähnlich ins Land geschnitten sind, und klettert die schroff abfallende Cordillera de la Costa, die Küstenkordillere, bis zu einer Höhe von 800 Metern hinauf. Knapp die Hälfte des 949 Quadratkilometer großen Nationalparks besteht vorwiegend aus Trockenwald, der Rest ist karibische Bilderbuchküste pur mit ungezählten kleinen und kleinsten Inselchen. Wer von Puerto La Cruz aus mit dem Wassertaxi

Scharlachsichler in Laguna de Tacarigua.

zu einem dieser Mini-Eilande schippert, findet dort Tauch- und Schnorchelgründe, die zu den schönsten des Landes gehören. Die Unterwasserwelt, die man hier beobachten kann, ist einfach phantastisch.

Fast bis an die Stadt *Cumaná* heran reicht der Parque Nacional Mochima mit seinen tropischen Halbinseln und Lilliput-Inseln, seinen verwunschenen Buchten und schroffen Felsabbrüchen. Cumaná ist die älteste spanische Niederlassung der Neuen Welt. Bereits 1506 gegründet, wurde hier ein besonders trauriges Kapitel der Eroberungsgeschichte geschrieben: Getrieben von ihrer Gier nach Reichtum merkten die Spanier bald, daß das Meer um Cumaná unendliche Mengen wertvollster Perlen barg. Um sie ans Tageslicht zu holen, versklavten die Eroberer

»Wir verließen Puerto Cabello am 1. März mit Sonnenaufgang … In der Nähe der Küste ist alles nackt, weiß, stark beleuchtet, die Bergwand dagegen mit dicht belaubten Bäumen bedeckt, die ihre Schatten über braunes, steiniges Erdreich werfen.«

Alexander von Humboldt,
Die Reise nach Südamerika, 1856

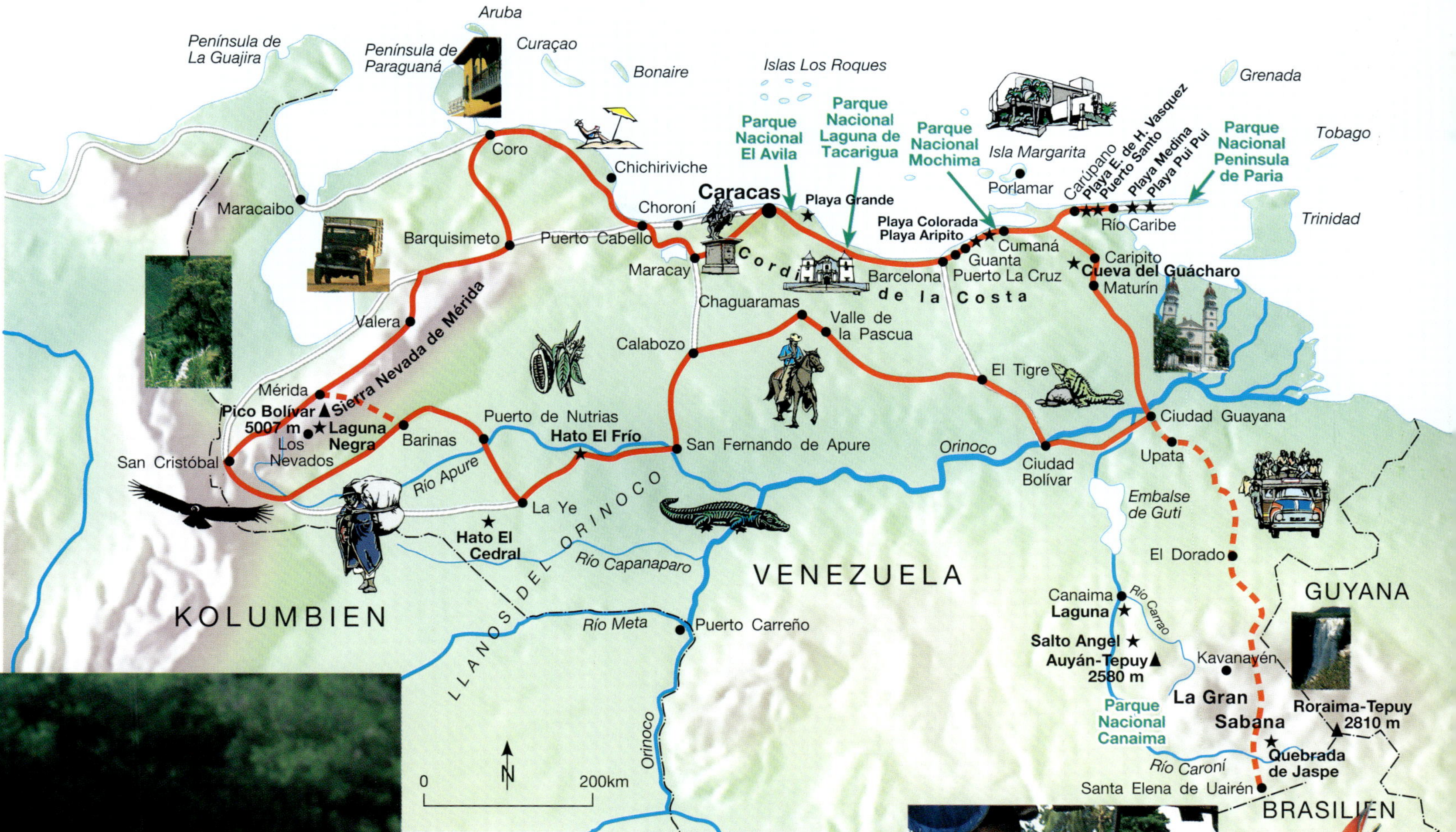

die einheimischen Indígenas. Da diese nach Meinung von König und Kirche keine Seele besaßen, konnte man sie schinden, wie man wollte. Unter unmenschlichen Bedingungen trieben die Spanier sie in die gefährlichsten Strömungen. Diejenigen, die sich zu widersetzen wagten, wurden in Ketten gelegt oder landeten am Galgen auf der Festung *Castillo de San Antonio de la Eminencia*. Besucher, die heute in die Stadt kommen, genießen von hier aus den weiten Blick über Cumaná und das in der Sonne glitzernde Meer. Hübsch ist der koloniale Stadtkern mit viel Lokalkolorit. Zwischen den Hängematten und handgerollten Zigarren, die am Mercado Central angeboten werden, den alten Wohnhäusern der Calle Sucre und der Plaza Bolívar läßt es sich gut Pläne für die Weiterreise schmieden.

Umtriebig bis geruhsam. Ziele sind die *Isla Margarita*, die *Cueva del Guácharo* im Süden und die *Península de Paria*, zu der man gelangt, wenn man der RN 9 weiter Richtung Osten folgt. Der Trip nach Margarita dauert mit der Schnellfähre zwei Stunden. Wer nicht viel Zeit hat, wird von der touristisch voll erschlossenen Insel kaum mehr zu Gesicht bekommen als die zollfreien Einkaufsmeilen der Hauptstadt Porlamar und die Liegestuhlbatterien der vielen Beachhotels. Um ihre wirklich schönen Seiten entdecken zu können – ihren Beinamen »Perle der Karibik« trägt sie nicht ganz zu Unrecht – bedarf es schon eines mehrtägigen Aufenthalts. Ursprünglichkeit bietet die Halbinsel Paria mit ruhigen Fischerorten

Die berühmte Playa Colorada bei Cumaná.

Guten Appetit – Straßengrill in Puerto La Cruz (oben). Tief im Herzen der Gran Sabana tost ein Wasserfall bei Kavanayén (unten).

Die Playa Medina auf dem Gebiet einer früheren Kokosplantage: Für viele ist der palmenbeschattete Strand mit dem herrlich feinen Sand der schönste Venezuelas (rechts).

Ob auf dem Wasser, im Wasser oder zu Land – an der venezolanischen Karibikküste kann jeder nach seiner Beach-Fasson selig werden.

wie Río Caribe mit seinen wunderbaren Stränden. Auch Venezuelas beste Badeadresse *Playa Medina* zählt dazu. Und in der Stadt Carúpano wird der wildeste und farbenprächtigste Karneval des ganzen Landes gefeiert. Nahezu unberührt ist die artenreiche Natur im *Parque Nacional Península de Paria*, der sich über den Nordteil der Halbinsel erstreckt.

Ein Besuch der Guácharo-Höhle schließlich – zu erreichen über Caripito – gilt als Naturerlebnis ganz besonderer Art. Der Lärm in der Höhle ist heute wahrscheinlich noch ebenso ohrenbetäubend wie vor zweihundert Jahren, als Alexander von Humboldt sie erkundete. In der rund 10 Kilometer tiefen Tropfsteinhöhle leben nämlich etwa 30000 Fettschwalmvögel, die hier »Guácharos« heißen. Sie scheuen das Licht und schwärmen erst nach Sonnenuntergang zur Nahrungssuche aus. Im Dunkeln orientieren sie sich ähnlich wie Fledermäuse, und ihre gellenden Schreie sind ohrenbetäubend. Die Höhle darf nur in Begleitung eines offiziellen Führers begangen werden, was selbst dann noch ein recht abenteuerliches Unterfangen ist.

Über den Orinoco. Nach diesen Abstechern laufen die Fäden in Maturín wieder zusammen. Wie mit dem Lineal gezogen holpert die RN 10 von dort aus durch die Ausläufer der Orinocodeltas. Ab und an ziehen grasende Rinder die Aufmerksamkeit auf sich, und es schieben sich verlassene Camps mit verrotteten Bohrtürmen ins Bild. Sie künden von einer Zeit, als Venezuela noch zu den größten Erdölproduzenten der Welt zählte und Milliarden von Petrodollars verdiente.

Knapp 400 Kilometer hinter Maturín geht es mit der Fähre über den Orinoco. Nach

Unbedenklich: Berge von Muschelmüll auf den Islas Los Roques (oben). – Schwer hängen die Früchte in der Kokospalme (darunter). Isla Margarita: Am Strand von Juangriego (links unten) und in Asunción (unten).

einer zwanzigminütigen Fahrt über den viertgrößten Fluß Südamerikas ist *Ciudad Guayana* erreicht, das Zentrum der Schwerindustrie. Mitte des vergangenen Jahrhunderts wurden hier riesige Eisenerz- und Aluminiumvorkommen entdeckt. An der Mündung des wilden Río Caroní in den trägen Orinoco entstand in der Folge aus mehreren Ansiedlungen ein Industrie- und Wohngebilde, das man das Ruhrgebiet Venezuelas nennen könnte. Den Namen Ciudad Guayana trägt es seit 1961. Von dort aus führt die vierspurige RN 19 direkt ins Zentrum der knapp 100 Kilometer südwestlich gelegenen Stadt *Ciudad Bolívar* – landschaftlich reizvoller ist allerdings die Nebenstrecke Richtung Guri-Stausee. Die Plaza Bolívar der Stadt präsentiert sich als Freilichtmuseum im Kolonialstil. Von der Kathedrale, dem alten Kongreßgebäude, das heute ein Museum beherbergt, und der Casa de los Gobernadores, ehemals Sitz der spanischen Gouverneure, sind es nur ein paar Minuten zu Fuß zum Paseo Orinoco. Wer den malerischen Uferboulevard mit seinen windschiefen Warenhäusern, seinen

Simón Bolívar, der Freiheitsheld Südamerikas – Wandgemälde in Cumaná.

Arkadengängen, schmiedeeisernen Balkonen und fliegenden Händlern entlang spaziert, wähnt sich ins 19. Jahrhundert zurückversetzt. Damals blühten hier Handel und Schiffahrt. Auf Grund günstiger Windbedingungen erreichten die Segelschiffe Europa deutlich schneller als von der Küste aus.

Heimat der Llaneros. Viele die Stoßdämpfer strapazierende Kilometer in Richtung Westen geht es nun mitten ins Herz der *Llanos del Orinoco*. Der Weg führt über El Tigre, Valle de la Pascua, Chaguaramas und Calabozo. Als eintönig und großartig zugleich hatte sie Humboldt während seiner Märzreise im Jahr

1800 beschrieben. Die baumlose Tiefebene im Zentrum Venezuelas sei menschenleer, feucht und heiß, von unzähligen Gewässern zerfurcht und endlos weit. Schon die Spanier hatten den Wert dieses riesigen, sich von den Anden bis zum Atlantik erstreckenden Areals erkannt; bereits in der ersten Hälfte des 16. Jahrhunderts begannen sie, hier Viehzucht zu betreiben. Heute werden Millionen von Rindern in den Llanos gehalten, um die sich die Llaneros kümmern – rauhe Gesellen, die auf dem Rücken ihrer Pferde zu Hause sind. Zwar ist das Klima strapaziös und die Landschaft von großer Gleichförmigkeit, doch wer genauer hinschaut, sieht die Region der Llanos als kontinentales Galápagos und kann sich von der überaus reichen Tierwelt faszinieren lassen. Es gibt auf der Erde nur wenige Gebiete, in denen sich derart viele verschiedene Vögel, Reptilien und Säugetiere in freier Wildbahn beobachten lassen.

Auch wenn der Hunger groß ist – die beiden Fleischhändler in den Llanos können Abhilfe schaffen (oben). – Im weit verzweigten Delta des Orinoco leben gut 20 000 Indianer vom Stamm der Warao (Mitte). Urzeitlich mutet der Leguan an (unten). – Fischerboote bei Puerto la Cruz (großes Bild).

Ferien auf einem Hato

Die Llanos im Herzen des Landes sind ein riesiges Areal, in dem es kaum asphaltierte Straßen, dafür aber Millionen von Rindern gibt. Sie warten mit einer grandiosen, alle europäischen Dimensionen sprengenden Vielfalt an Tieren auf. Seit einigen Jahren hat sich eine Handvoll der weit verstreut liegenden Hatos in den Llanos auf Touristen eingestellt – allen voran die Hatos »El Frío« und »El Cedral«. Im Preis von rund 150 US-Dollar pro Person und Tag sind außer Unterkunft und Verpflegung auch Exkursionen in die Umgebung inbegriffen. Man ist per Allradfahrzeug oder Boot unterwegs und kann Krokodile, Schildkröten, Ameisenbären, Wasserschweine und mit etwas Glück sogar Flußdelphine, Pumas oder Jaguare beobachten.

Auf der langen Autofahrt über das Viehwirtschaftszentrum San Fernando de Apure, La Ye und Puerto de Nutrias nach Barinas empfiehlt es sich, für etwas Erholung zu sorgen – zum Beispiel mit einem geruhsamen Aufenthalt auf einer der Farmen, einem Hato.

In die Berge. Nur rund 200 Kilometer trennen das heiße Barinas von der Kühle der venezolanischen Anden, nimmt man den direkten – und besonders reizvollen – Weg nach Mérida. Die Fahrt hinauf in die mystisch anmutende Bergwelt der *Sierra Nevada de Mérida* führt über steinschlag- und erdrutschgefährdete Serpentinen durch tropische Flora: Bananen- und Kaffeeplantagen, Regen- und Nebelwälder. Auf 3500 Meter Höhe liegt der Gletschersee Laguna Negra. Rund zweihundert dieser oft nebelverhangenen und irgendwie geheimnisumwobenen Gewässer zählt dieser Landesteil. Die schönsten kann man per Maulesel erkunden. Wer mit der dünnen Luft keine Probleme oder genügend Zeit zur Akklimatisierung hat, sollte sich vom *Pico Bolívar* locken lassen; er ist mit 5007 Metern der höchste Berg der venezolanischen Anden. Seine Besteigung ist, bis auf die letzten 200 Meter unter dem Gipfel, nicht übermäßig anspruchsvoll. Zwar sind die Berge an europäischen Maßstäben gemessen hoch, dennoch handelt es sich bei den Anden Venezuelas in weiten Teilen um einen eher sanften Gebirgszug. Schroffe Fels- und Eisgiganten sucht man vergebens.

Weltoffen und freundlich. *Mérida*, 1640 Meter hoch gelegen, ist das urbane Zentrum der Sierra. Mit vielen Grünanlagen und einem schönen Stadtzentrum im

Fortsetzung Seite 46

Der Abend senkt sich über den Orinoco (oben). In Ciudad Bolívar (unten).

Naturwunder in der Großen Savanne

Steven Spielbergs Film »Jurassic Park« begeisterte Millionen. Inspirationsquelle für diesen wie auch viele andere Dinosaurierfilme war das Buch »The Lost World« von Arthur Conan Doyle, das 1912 entstand. Der geistige Vater von Sherlock Holmes hatte die Reisebeschreibungen des Botanikers Everard Im Thurn gelesen, der 1884 und 1894 in der damals völlig unbe-

Am Rand eines Indianerdorfs (oben). – Die Wahrzeichen der Gran Sabana: Tepuys bei Kavanayén (Mitte) und der Salto Angel, der sich 1000 Meter in die Tiefe stürzt (unten).

kannten Gran Sabana in Venezuelas äußerstem Südosten unterwegs gewesen war. Von geheimnisvollen Tafelbergen hatte er berichtet sowie von prähistorischen Pflanzen und Tieren. Davon fasziniert, ließ Doyle seiner Phantasie dann freien Lauf: Er schrieb eine Geschichte, die den kartographisch weißen Fleck zur mysteriösen Heimat von Flugechsen, Affenmenschen und Dinosauriern machte. Von der Gran Sabana geht in der Tat eine ganz eigene, magische Anziehungskraft aus. Geographisch gehört sie zum Guayana-Hochland. Vor rund einer Milliarde Jahren bildete Südamerika zusammen mit Afrika, Vorderindien, Australien und Antarktika den Kontinent Gondwanaland. Vor dieser Zeit waren bereits riesige Gebirgszüge zerfallen, die einen Teil des Kontinents mit einer mehreren Kilometer dicken Sandsteinschicht bedeckten. Nach der Abspaltung vor etwa 270 Millionen Jahren bewegte sich der Norden Südamerikas auf dem sogenannten Guayana-Schild 5000 Kilometer weit nach Westen. Gewaltige Kräfte zerklüfteten die Sandsteinschicht, die in den folgenden Jahrmillionen von Wind und Wetter ausgewaschen wurde. Von dem ursprünglich zusammenhängenden Sandsteinplateau sind im Verlauf der Erdgeschichte – so die Theorie – 115 verstreut liegende Tafelberge übriggeblieben. Wie Inseln verteilen sie sich auf einer Fläche von 500 000 Quadratkilometern. Ein Teil des an Erzen,

Bauxit, Gold und Diamanten reichen »Landschaftsmeers« gehört zur Gran Sabana, der Großen Savanne. Ihren Westen bedeckt tropischer Regenwald, ihr Osten ist eine rund

1000 Meter hoch gelegene, von Flüssen und Wasserfällen zerfurchte, fast baumlose Weite. »Tepuys«, Häuser der Götter, heißen die Tafelberge in der Sprache der hier lebenden Pemón-Indianer. Früher setzte keiner der Gran-Sabana-Bewohner seinen Fuß auf die bis 2800 Meter hohen Ungetüme. Nur Verbrecher und Liebeskranke – so die Legende – erklommen die Kolosse und stürzten sich von ihren Plateaus herab in den Tod. Ihre Leichen, so heißt es, wurden nie gefunden. Eine Art Todesvogel oder die Götter selbst sollen sich ihrer angenommen haben… Besonders erlebnisintensiv ist eine Fahrt von Ciudad Bolívar über Upata und El Dorado durch die Gran Sabana und weiter nach Santa Elena de Uairén an der brasilianischen Grenze. Auf der rund 700 Kilometer langen Strecke begegnet man den unterschiedlichsten Landschaftsformen, erlebt Weideland, tiefsten Dschungel und – natürlich – die Weiten der Savanne.

Das Flußbett der Quebrada de Jaspe, eine Autostunde von Santa Elena de Uairén entfernt, besteht vollständig aus rotschillerndem Jaspis (links). Auch mit dem Fahrrad läßt sich die Gran Sabana entdecken.

Tafelberg und Wasserfall

Der rund 30000 Quadratkilometer große Parque Nacional Canaima zählt zu den spektakulärsten Touristenattraktionen Venezuelas. Er entspricht in etwa dem Gebiet der Gran Sabana und schließt den Auyán-Tepuy und den Salto Angel, den größten Tafelberg und den höchsten Wasserfall der Erde, sowie die Lagune von Canaima ein. Die Lagune wird von sieben nebeneinander liegenden, schäumend in die Tiefe stürzenden Katarakten des Urwaldflusses Río Carrao gespeist. Sie ist nur auf dem Luftweg, nämlich von Ciudad Bolívar aus, zu erreichen. Es werden Pauschaltouren angeboten, auf denen sich die Naturwunder des Nationalparks auf relativ bequeme Art erkunden lassen.

In die Hänge der Anden gebettet: das Bergbauern- und Hirtendörfchen Los Nevados.

Unterwegs in den Anden: mit Allradantrieb (oben) oder mit dem Maulesel, der gelegentlich mal verschnaufen möchte (Mitte). – Typisch: der gelbe Frailejonesbewuchs (rechts).

Kolonialstil ausgestattet, ist Mérida ein beliebtes Ferienziel und gleichzeitig Ausgangsort für Ausflüge ins Gebirge, zu einer der Lagunen oder zu verträumten kleinen Bergdörfern. Mit 40000 Studenten darf sich Mérida darüber hinaus zugute halten, eine der bedeutendsten Universitätsstädte des Landes zu sein.

Etwas mehr als 300 Kilometer weit ist der Weg von Barinas nach San Cristóbal durch savannenartige, von vielen kleinen Flüssen durchzogene Landschaften. San Cristóbal, auf 825 Meter Höhe gelegen, ist ein durch seinen Handel mit dem nahen Kolumbien geprägtes Geschäftszentrum mit 353000 Einwohnern.

Coro an der Küste dagegen ist Kolonialzeit pur. Gut eineinhalb Tage dauert die Reise von San Cristóbal aus über Mérida und Valera nach Barquisimeto, die 800000 Einwohner zählende Hauptstadt des Bundesstaats Lara. Ihr Stadtbild ist modern und großzügig, das architektonische Erbe der Spanier fiel 1812 einem schweren Erdbeben zum Opfer. In der Stadt Coro geht es geruhsam zu. »Ciudad Museo«, Museumsstadt, wird sie von den Venezolanos genannt. Ein Spaziergang durch den 1527 gegründeten Ort beginnt an der festungsartigen Kathedrale, deren Glockenturm mit Schießscharten versehen ist und von einer bewegten Vergangenheit zeugt. Zwei Straßenzüge weiter lockt die Calle Zamora mit den schönsten Kolonialbauten. Ein Augenschmaus ist die barocke Casa de las Ventanas de Hierro, Venezuelas erstes Haus mit schmiedeeisernen Gittern. Der Bauherr mußte sie seinerzeit eigens über den Atlantik aus Sevilla hierher bringen lassen. Nicht minder sehenswert sind die Casa del Tesoro und die Casa de los Arcaya, ein schönes Eckhaus mit umlaufendem Balkon und einem traumhaften Innenhof.

Auf dem Weg von Coro zur Halbinsel Paraguaná: Gleich hinter der Stadt zeigen sich die Wanderdünen Médanos de Coro, deren Sand der Passat von der Küste landeinwärts getragen hat.

Egal, auf welche Weise das beliebte Trekkingziel Los Nevados erreicht wird – am Ende darf man sich in der Hängematte ausruhen (oben und links). – Klein- und großstädtisch: Coros wehrhafte Kathedrale und belebter Straßenzug in Caracas (unten).

Früher war Coro ein wichtiger Handelspartner für die niederländischen Antilleninseln Aruba, Bonaire und Curaçao. Moderne Frachtschiffe und Autofähren setzen diese Tradition fort. Wind und Wetter haben Coro eine weitere Attraktion beschert: Bis zu 25 Meter hohe Wanderdünen, die *Médanos de Coro*, türmen sich vor der Stadt; man glaubt sich fast in die Sahara versetzt. Von Coro aus kann man einen Ausflug zur Península de Paraguaná unternehmen.

Ausklang am Strand. Der Wunsch nach palmengesäumten Traumstränden wird rund 200 Kilometer weiter südöstlich erfüllt. In *Puerto Cabello*, etwa drei Autostunden von Caracas entfernt, liegen die Yachten der Reichen vor Anker. Lohnend ist hier vor allem die andalusisch anmutende Calle de los Lanceros. Näher an der Hauptstadt liegen die Strände von Choroní. Von Maracay aus überwindet die Straße die dschungelgrüne Küstenkordillere. Dann taucht der Badegast in eine bunte Strandwelt ein. Mit Kind und Kegel, Sunblockern und Soundblastern frönt hier der Venezolano der unendlichen Leichtigkeit des Playa-Seins.

Planen und erleben...

Nach einer Tour durch Caracas schmeckt ein frischer Fruchtsaft besonders gut.

ENTFERNUNGEN

↓ km		↑
km	**Caracas**	3382
	320 km	
320	**Puerto la Cruz**	3062
	82 km	
402	**Cumaná**	2980
	199 km	
601	**Maturín**	2781
	285 km	
886	**Ciudad Bolívar**	2496
	689 km	
1575	**San Fernando de Apure**	1807
	547 km	
2122	**Barinas**	1260
	316 km	
2438	**San Cristóbal**	944
	262 km	
2700	**Mérida**	682
	682 km	
3382	**Caracas**	km

Die Highlights

CARACAS

Wer die Stadt erkunden möchte, verzichtet am besten auf das Auto und benutzt die 1983 in Betrieb genommene Metro. Die Linie 1 führt zu den wichtigsten Sehenswürdigkeiten. Erste touristisch interessante Station ist die Haltestelle Parque del Este. Wegen seiner Vielzahl an Unterhaltungsmöglichkeiten zählt der Park zu den beliebtesten Grünanlagen der Stadt. Nimmt man vom nächsten Stopp Altamira aus den Metrobus 201, gelangt man ins CCCT, Südamerikas größtes, vielleicht auch luxuriösestes Einkaufszentrum. Nur ein paar Schritte von der Metro-Haltestelle Sabana Grande aus beginnt die gleichnamige, 2 Kilometer lange, schicke Fußgängerzone. Die Station Plaza Venezuela unterquert den zentralen Verkehrsknotenpunkt der Stadt; oberirdisch lockt das »Gran Café« mit exotischen Drinks. Von hier aus läßt sich das bunte und hektische Treiben am besten beobachten. Zwischen den Folgestopps Colegio de Ingenieros und Bellas Artes befinden sich die meisten Museen, die Nationalgalerie sowie das Nationaltheater. Die Haltestelle Capitolio schließlich eröffnet den Weg in das glücklicherweise vorwiegend autofreie historische Kolonialviertel.

Mit dem Auto bis ans Wasser: Stadtstrand in Puerto La Cruz.

Farbenspiel in Türkis: die Playa Colorada.

PENÍNSULA DE PARIA

Die Halbinsel Paria ist ein Refugium für Strandliebhaber. Von dem geschäftigen und doch beschaulichen 150 000 Einwohner-Städtchen Carúpano aus reihen sich die Strände wie Perlen aneinander. Hausstrand der Stadt ist die Playa Ensenda de Hermán Vasquez. 10 Kilometer weiter östlich lockt Puerto Santo mit kräftiger Surferbrandung. Die Bilderbuchstrände von Río Caribe sind für etwa 15 US-Dollar mit dem Boot zu erreichen. Ein absoluter Traum ist die Playa Medina: Rund eine Autostunde von Carúpano entfernt, reichen die Palmen der ehemaligen Kokosplantage bis ans türkisfarbene Wasser heran. Ein kleines Hotel, ein einfaches, aber gutes Restaurant sowie ein absolut gepflegter Strand vervollkommnen das Idyll. Ein weiteres Paradies für Surfer ist die Playa Pui Pui.

CIUDAD BOLÍVAR

Die Stadt an der einzigen Brücke über den Orinoco strahlt koloniale Ruhe aus. Ihre Funktion als Hafenmetropole hat sie längst an Ciudad Guayana abgetreten – der alte Charme aber ist geblieben. Ihre Handelstradition setzt sie vor allem als Umschlagplatz für Gold und Diamanten aus dem Gebiet vor der Gran Sabana im Südosten fort. Unbedingt besuchen sollte man den Uferboulevard Paseo Orinoco, die Plaza Bolívar, die Casa del Congreso, die Casa de los Gobernadores sowie die Kathedrale. Außerdem lohnt sich das von einem herrlichen Garten umgebene Landhaus Quinta de San Isidro. Ciudad Bolívar ist auch Ausgangspunkt für viele touristische Unternehmungen. In 20 Flugminuten ist die Lagu-

Fähre über den Río Apure.

ne von Canaima erreicht, es können Jeepexkursionen in die Llanos, Boottrips ins Orinocodelta sowie Trekkingtouren in den Dschungel gebucht werden. Auf der Straße 10 geht es von hier aus in die Gran Sabana.

MÉRIDA

45 Flugminuten trennen die heiße Küste vom ewigen Eis des 5007 Meter hohen Pico Bolívar.

Behaglich wohnen in den Anden: »Hotel Frailes«.

Mérida selbst eignet sich als Ausgangspunkt für mannigfaltige Sportaktivitäten. Lokale Veranstalter bieten Bergwandern, Klettern, Mountainbike- und Motocrosstouren, Reiten sowie Gleitschirmfliegen an. Empfehlenswert ist ein Besuch in Los Nevados. Der Ort ist per Allradfahrzeug von Mérida aus zu erreichen. Alternativ dazu kann man die Teleférico-Seilbahn zur 4045 Meter hoch gelegenen Station Loma Redonda nehmen und in rund sechs Stunden hinunter in das 200-Seelen-Dörfchen wandern, das auf 2700 Metern liegt. Für weniger Geübte warten in Loma Redonda Maulesel. Wer die Tour auf dem Eselrücken machen will, zahlt dafür rund 10 US-Dollar.

NATIONALPARKS

Venezuela ist das Land der Nationalparks und Naturdenkmäler. Über 137 000 Quadratkilometer – das entspricht rund 15 Prozent der gesamten Landesfläche – stehen unter besonderem staatlichen Schutz. Insgesamt zählt Venezuela 39 Nationalparks, der älteste besteht bereits seit 1937. Zu den bekanntesten zählen der Los-Roques-Archipel, Canaima, Henry Pittier, Mochima, Morrocoy (bei Chichiriviche) sowie die Sierra Nevada de Mérida. Die Tafelberge der Gran Sabana sind ebenfalls geschützt. Besteigen darf man sie nur in Begleitung eines Einheimischen, der im Besitz einer Lizenz ist.

Cumaná: Castillo de San Antonio.

Tips für unterwegs

Sofern man Venezuela mit einem Mietwagen bereisen will, sollte man das Fahrzeug bei einer der internationalen Rent-A-Car-Agenturen wie Avis, Budget oder Hertz vom Heimatland aus vorbuchen. Abholen kann man den Wagen in der Regel an den entsprechenden Schaltern am

Andentrekking: auf dem Weg hinauf zum Pico Humboldt.

In der Nähe von Guanta: der Wasserschleier des Salto Sirena.

Flughafen Simón Bolívar. Bei der Wahl des Vermieters sollten die freien Kilometer sowie die Versicherungsleistungen miteinander verglichen werden. Sofern der Wagen nicht am Anmietort zurückgegeben wird, fallen zum Teil hohe Rückführgebühren an. Zwar besitzt Venezuela ein gut ausgebautes Straßennetz, doch läßt der Zustand der Straßen mitunter sehr zu wünschen übrig. Deshalb ist es ratsam, immer mit erhöhter Aufmerksamkeit zu fahren – zumal sich die Venezolanos generell eher an Gott und die Hupe halten als an Verkehrsregeln…

SOUVENIRS

Beliebte Mitbringsel sind Hängematten, indianische »Wapas« (aus Naturfasern geflochtene

Schlechte Wegstrecke bei Mérida.

Schüsseln) sowie Goldnuggets aus dem Tiefland vor der Gran Sabana. Grundsätzlich sollte man auf gute Qualität achten – viele Produkte kommen als Massenware aus kolumbianischer Herstellung. Günstig kauft man in Mérida im Mercado Principal. In Canaima werden von Amazonasindianern gefertigte Schamanenschemel in Tierform angeboten. Für Schmuck und Goldwaren ist Ciudad Bolívar zu empfehlen.

Junges Venezuela: Fast die Hälfte der Bevölkerung ist unter zwanzig Jahre alt.

SEILBAHN DER SUPERLATIVE

Méridas größtes Highlight ist der Teleférico, die längste und höchste Seilbahn der Welt. Sie wurde von französischen Firmen gebaut und 1960, nach dreijähriger Montagezeit, in Betrieb genommen. Die Anlage besteht aus vier Teilstrecken, die auf einer Gesamtlänge von 12,5 Kilometern rund 3200 Höhenmeter überwinden. Von der Talstation Barinitas schwebt die 36 Personen fassende Gondel über Zuckerrohr-, Bananen- und Kaffeeplantagen gen Himmel. Erste Bergstation ist La Montaña in 2436 Meter Höhe. Die Fahrt zur Station La Aguada, 3452 Meter hoch gelegen, führt über üppigen Bergnebelwald. Loma Redonda heißt das nächste Ziel – von hier aus lassen sich in einer Höhe von 4045 Metern die venezolanischen Anden wunderbar überblicken. Die vierte Bergstation, Pico Espejo (4765 m), ist seit 1991 außer Betrieb. Damals riß ein Seil, zwei Personen kamen zu Tode. Bergwärts fahren die Gondeln bis zum Mittag. Achtung: In der Hochsaison ist der Andrang groß.

Kleinere Schiffe halten sich auf dem mächtigsten Strom der Erde meist in Ufernähe.

Auf dem Amazonas von Belém nach Manaus

ROUTE 2

Mitten durch die an Pflanzen und Tieren reichste Region der Erde geht es vom Mündungsgebiet des Amazonas über eine Strecke von rund 1600 Kilometern mit einem kleinen Schiff in Richtung Westen. Wer reist, wie es die indianisch geprägten Menschen dieses Landesteils tun, kann gewiß sein, ein außergewöhnliches Abenteuer zu erleben.

Wasser, Wälder und wilde Natur

Vor uns liegt der Urwald, die »grüne Hölle« Amazoniens. Seine Baumriesen wachsen in den Himmel, und alles ist erfüllt von den eigentümlichsten Tierlauten. Auf einem Quadratkilometer dieser Wildnis sind mehr Pflanzenarten versammelt als in ganz Europa. Noch immer leben hier Indio-Stämme, die nie Kontakt mit Weißen hatten. Die Begegnung mit der Natur und den Menschen machen die Reise zu einem einzigartigen Erlebnis.

Bäuchlings auf dem warmen Deck: Wenn sich der Abend über den Amazonas senkt, läßt es sich wunderbar sinnieren.

Vogelkäfig, »Gaiola«, nennt sich die hölzerne Barke, vor der unzählige Menschen warten. Es ist kaum vorstellbar, daß sie alle Platz darin finden werden, zumal die meisten auch noch schwerbepackt sind – mit Säcken, riesigen Taschen, ja sogar Kisten und Fässern. Zwischen Körben mit Hühnern und Enten haben die »ambulantes«, die fliegenden Händler, ihre Stände aufgebaut. Fisch und Fleisch werden gegrillt, auch ist jetzt die letzte Gelegenheit, sich mit Mineralwasser einzudecken.
Der Bootsmann verteilt Hängematten, »redes«, an die Passagiere. Viele haben auch ihre eigenen Redes mitgebracht, die bequem sind und die richtige Größe haben; es gibt sie in allen erdenklichen Ausführungen in den Spezialläden am Mercado Ver-o-Peso von Belém zu kaufen.

Buntes Menschengemisch. Rechtzeitiges Kommen sichert die besseren Schaukelplätze, die Hängematten werden dicht an dicht nebeneinander festgeschlungen. Unglaublich, wer alles mit will – Goldgräber und Prostituierte, Holzfäller mit ihren Motorsägen, Sektenprediger, Priester und Nonnen, Vaqueiros – brasilianische Cowboys – und ganze Großfamilien mit Kindern jeden Alters. Bei den meisten Mitreisenden ist der indianische Einschlag unübersehbar, und auch echte Indianer gehen an Bord. Die meisten Indígenas Brasiliens haben sich bereits mehr oder weniger stark kulturell angepaßt. Sie tragen, wie so viele hier, Shorts, T-Shirts mit Werbeaufdrucken und Plastikschlappen.
Durch die Ladeluke fliegen Bierkisten, jede Menge Bananenstauden, Trockenfleisch, Säcke mit Bohnen und Reis für die Kombüse. Ein Radio dröhnt, der Dieselmotor tuckert schon, ein paar magere Hunde streifen umher, und überall sieht man schwarze Geier. Exotische, zum Teil auch unangenehme Gerüche steigen einem in die Nase: Kaffee und unbekannte Gewürze, Parfums, Fischabfälle und geröstete Krabbenspieße.
Jetzt werden die Taue gelöst, der Steuermann gibt Gas, und eine schwarze Dieselwolke quillt aus dem Rohr. Es wird gewunken, und aus vielen Augen fließen Abschiedstränen. Manche werden sich viele Monate, vielleicht Jahre nicht wiedersehen. Das Durcheinander an Bord lichtet sich allmählich, und die erste Brise in der lehmiggelben Baía do Guajará, durch die Belém im Nordwesten begrenzt wird, ist hochwillkommen.
Ohne wenigstens ein Paar Brocken Portugiesisch zu sprechen, käme man an Bord kaum zurecht. Man bekäme von all dem aufgeregten Geschnatter ringsum, den Tisch- und Bargesprächen fast nichts mit und könnte auf die vielen Fragen keine Antwort geben. Im Amazonasgebiet auf jemanden zu treffen, der Englisch versteht, wäre ein echter Glücksfall.

Kennzeichnend für den Ozelot sind die schwarzen Streifen von den Augenwinkeln bis zum Ohrrand.

Piranhas – berüchtigt wegen ihrer messerscharfen Zähne.

Während der Fahrt bleibt viel Zeit zum Lesen und Beobachten (unten). – Bootsanlegestelle bei Manaus (rechts).

Landgang – mit einem geführten Ausflug in den Urwald.

»Und dann andere Wunder, Riesenstämme längst nicht mehr zu umspannen ... die farbigen Vögel, die dünnen und gläsernen Fische, deren manche wie ein Automobil vorne und hinten ein Warnungslicht tragen – Wunder einer verschwenderischen und kapriziösen Natur.«

Stefan Zweig, Brasilien – Ein Land der Zukunft, 1941

Die Gaiola passiert nun etliche Inseln – hielte sie sich rechts, ginge es über die *Baía de Marajó* direkt in den Atlantik hinein. Wir jedoch fahren links hinauf. Ist dieser riesige Strom etwa schon der Amazonas? Nein – noch handelt es sich nur um dessen Mündungsgebiet, das wiederum von unzähligen kleineren, mitunter auch sehr großen Flüssen wie etwa dem Rio Pará durchzogen wird. Rechter Hand erstreckt sich die *Ilha de Marajó*, die größte Flußinsel der Welt; sie übertrifft an Fläche selbst Dänemark noch bei weitem. In den sumpfigen Teilen weiden riesige Wasserbüffelherden, die sich nicht einmal von den Alligatoren stören lassen. Hin und wieder läßt sich eins der großen Tiere am Ufer blicken. Auch kann man prächtige rote Reiher beim Fischfang beobachten. Alsbald weist der Kapitän nach links, wo der *Rio Tocantins* kilometerbreit in den Amazonas mündet; bis zu dieser Stelle hat er bereits mehr als 2700 Kilometer zurückgelegt – einen ähnlich weiten Weg wie die Donau.

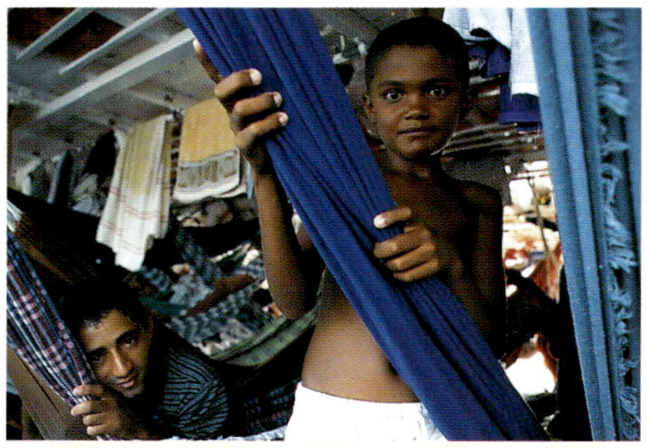

Nicht alle an Bord brauchen ihre Mittagsruhe.

Alltagsszenen. Da das Boot relativ nahe am Ufer entlangtuckert, lohnt ein Blick durchs Fernglas. Frühmorgens erheben sich Papageienschwärme von ihren Schlafbäumen und veranstalten dabei einen unglaublichen Krach, gelegentlich fliegen sie sogar direkt über das Schiff hinweg. Kanus voller Kinder, die in die Schule unterwegs sind, passieren die Gaiola. Immer wieder zeigen sich Mangrovenwälder und »Palafitas«, Pfahlbauten aus Brettern oder Palmstroh, die vereinzelt am Ufer stehen oder kleine Siedlungen bilden. Männer fischen Krabben oder sind mit der Harpune auf Beute aus, Kinder hüpfen von den Hüttenstegen in den Fluß – wo es doch angeblich von Piranhas nur so wimmeln soll – Frauen spülen in enormen Aluminiumschüsseln Geschirr oder schlagen Wäsche auf Steine. Zum Trocknen wird alles über einen Zaun gehängt, und weil der oft aus Stacheldraht ist, sind Klammern überflüssig. Schwarze Schweine scheuchen Hühner auf, die sich in die Hütten flüchten. Fliegende Händler kommen mit ihren Booten vorbei; sie führen bergeweise Früchte für die Städte mit sich und versorgen die Menschen mit Angelzeug und Jagdmunition. Und weil man mit der Zeit geht, hat inzwischen auch Billig-Elektronik und bunter Plastikkram aus Hongkong und Taiwan hier Einzug gehalten. Selbst Drogen werden angeboten, hereingeschmuggelt über Surinam und Französisch-Guayana im Norden.

Im schlichten Flußhafen *Gurupá* legt die Gaiola erstmals an – und schon fallen

Nach einem langen Tag genießt der Touristenführer den Sonnenuntergang in Manaus (oben).

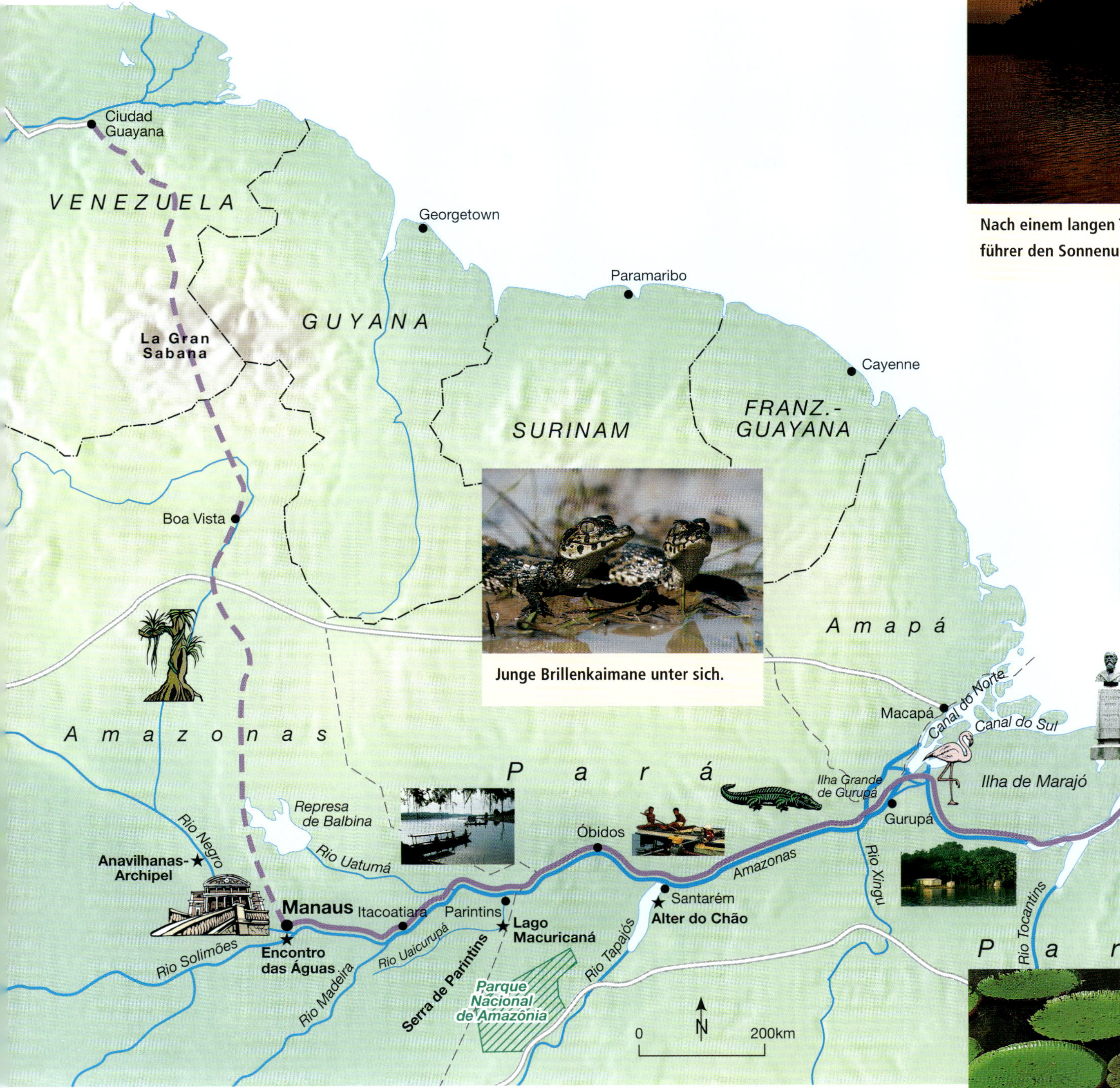

Junge Brillenkaimane unter sich.

die Ambulantes wie ein Heuschreckenschwarm über sämtliche Stockwerke unseres Schiffes her.

Das Hauptbett. Noch ein ganzes Stück geht es anschließend entlang der *Ilha Grande de Gurupá* – dann endlich erreicht die Holzbarke das langerwartete Hauptbett des Rio Amazonas. Der Strom wird unversehens wieder kilometerbreit – ein gewaltiger Anblick. Die Landschaft ist nicht mehr so flach wie im Delta, erstmals gibt es Anhöhen, Steilufer und ausgedehnte Galeriewälder. In der Regenzeit von Oktober bis März türmen sich hier schon am Vormittag beträchtliche Wolkengebirge auf, die ständig ihre Form verändern – der tägliche »temporal« naht. Gegen dieses grandiose Naturereignis nimmt sich jedes kräftige Sommergewitter in europäischen Breiten wie ein kleiner Nieselregen aus. Anders sieht es in der Trockenperiode zwischen Juli und September aus. Während wir entspannt in der Hängematte schaukeln, die angenehme Monotonie genießen und ein bißchen über Gott und die Welt sinnieren, steigt uns plötzlich Brandgeruch in die Nase.

Träge gleitet der Dampfer über den Fluß.

Eine Riesin unter den Seerosen: die Amazonasseerose (Victoria amazonica).

Überall in den kleinen Amazonasstädten herrscht reger Schiffsverkehr (unten).

Hat das Schiff Feuer gefangen? Auf einmal ist es regelrecht in Rauchschwaden gehüllt. Sie kommen vom Ufer, verursacht durch den alljährlichen Irrsinn der naturvernichtenden Brandrodungen. Nachts sieht man sogar Flammen lodern, der Feuerschein am Ufer begleitet die Gaiola über viele, viele Kilometer. Immer wieder fahren Motorschlepper vorbei, die zu Flößen gebundene Holzstämme von

»Palafita« inmitten von Palmen (oben). – Besuch von einem Greifschwanzaffen (unten). – Boote in Formation: Flußprozession bei Abaetetuba (großes Bild).

Urwaldriesen hinter sich herziehen – zum Hafen und zu den Sägewerken von Belém. Manchmal lösen sich Stämme, krachen gegen eine Gaiola und schlagen große Lecks in die Schiffe. Unglücke dieser Art, die oft viele Todesopfer fordern, geschehen nicht selten.

Die Schätze des Amazonas. Endlich, nach etwa sechzig Stunden Fahrt, ist *Santarém*, die drittgrößte Amazonasstadt, in Sicht. An dem bunten Treiben, das sich entlang der kilometerlangen Hafenkais abspielt, kann man sich kaum satt sehen. Unübersehbar viele Motorbarken haben

VORSICHT: HERABFALLENDE NÜSSE

Die Menschen vom Amazonas schätzen sie sehr – ihre Paranußbäume. Dünnstämmig ragen sie an den Ufern des Amazonas in den Himmel. Nicht ganz einfach ist die Ernte der Nüsse. An den Bäumen hochzuklettern ist schwierig und gefährlich, auch kann man nicht einfach gegen den Stamm treten: Die wunderbar schmeckenden Dreikantnüsse stecken nämlich, angeordnet wie die Spalten einer Orange, in einer dicken harten Schale. Etwa zwanzig bis dreißig Nüsse birgt jede dieser kokosnußähnlichen, 2 bis 3 Kilogramm schweren Früchte. Daß man diese möglichst nicht auf den Kopf bekommen sollte, versteht sich von selbst. Glücklicherweise werfen die Bäume ihre steinharte Last immer nur am späten Nachmittag ab – davor und danach ist die Ernte absolut ungefährlich.

hier festgemacht, dazu kleine Beiboote, Kanus und Lastboote jeglicher Größe; Geier stolzieren umher, und Ochsenkarren warten. Auf dem quirligen Fischmarkt unter freiem Himmel bieten Händler Haie, Sägefische und Zitteraale an, auch halten sie einem gern Piranhas entgegen, von denen wir inzwischen wissen, daß die so gefährlich gar nicht sind. Piranhasuppe ist übrigens eine wirkliche Delikatesse, die man unbedingt probieren sollte. Auf der Kaimauer hat wieder ein Heer von fliegenden Händlern seine Waren ausgebreitet und hofft auf kauflustige Kundschaft. Aus Lautsprechern dringen laut und scheppernd Lambadaklänge; hier in Pará wurde der Rhythmus erfunden, und die Leute lieben es, danach zu tanzen. Wunderschöne Mädchen in knappen Oberteilen und Miniröcken defilieren in Gruppen am Kai; sie wollen bewundernde Blicke auf sich ziehen – was ihnen auch immer gelingt. Unter den Bäumen vor Santaréms Kathedrale ruhen sich

Fortsetzung Seite 62

Mußestunden auf dem Schiff: Hier kann man die Aussicht genießen (oben) oder eine Siesta in einer der bunten Hängematten halten (Mitte). Die Kost ist einfach, aber gut (unten). – Segelausflug bei Santarém (ganz unten). – Stolzer Fang: Piranhas sind begehrte Speisefische (links).

Siebenhundert Personen haben in dem innen wie außen in voller Pracht wiedererstandenen Urwaldtheater Platz. Abends füllen Opernklänge den Raum, tagsüber finden Führungen statt. – Startenor Carreras sang bei der Wiedereröffnung im Jahr 1996…

…Enrico Caruso hingegen (rundes Bild) hätte hundert Jahre zuvor nur beinahe hier gesungen.

Theater im Urwald

An der weiten Praça São Sebastião in Manaus zieht ein architektonisches Kleinod alle Blicke auf sich – das Teatro Amazonas, das einst in der ganzen Welt berühmte Opernhaus der Urwaldmetropole. Erbaut während der goldenen Jahre des Kautschukbooms, schien es nach dessen Ende dem Verfall geweiht und blieb viele Jahre sich selbst und dem Urwald überlassen. Heute erstrahlt es in neuem Glanz und ist mit Abstand die größte bauliche Attraktion der Amazonasstadt.

Die Geschichte des Opernhauses hängt eng mit der des Kautschuk zusammen: Im Jahr 1844 entwickelte Charles Goodyear das Vulkanisierungsverfahren, wodurch Rohkautschuk in haltbares Gummi umgewandelt werden konnte, und John Boyd Dunlop erfand 1888 den aufblasbaren Reifen. Weil Kautschukbäume zu dieser Zeit nur in den Urwäldern Amazoniens gediehen und der Gummibedarf durch die rasch wachsende Autoindustrie weltweit rasant anstieg, gelangten einige Gummibarone und Politiker zu märchenhaftem Reichtum. Die Ära des Kautschukbooms begann, und Manaus, so hatten es sich die reichen Herren in den Kopf gesetzt, sollte das »Paris der Tropen« werden. Die Stadt geriet in

einen regelrechten Wohlstandstaumel – auf Kosten der Indios, die zu vielen Tausenden unter unmenschlichen Bedingungen arbeiten mußten und oft zu Tode kamen.

Ganz im neoklassizistischen Stil der Pariser Oper entstand das Teatro Amazonas, für dessen Ausstattung nichts teuer und exklusiv genug sein konnte. Das Interieur wurde komplett aus Europa importiert: Der Marmor für die Portale kam aus Carrara, die prunkvollen Lüster aus Murano,

das Mobiliar aus Wien und Paris. Selbst die Säulen für den zweigeschossigen Vorbau und die gußeiserne Dachkonstruktion machten den weiten Weg über den Atlantik. Nach zwölfjähriger Bauzeit wurde die Oper 1896 feierlich eingeweiht. Eigentlich hätte Enrico Caruso an diesem Abend singen sollen, ihm war jedoch der Aufenthalt so nah am Urwald zu riskant, und er sagte ab. Trotzdem zählte das Teatro schon zu Beginn des 20. Jahrhunderts zu den wichtigsten Gesangsbühnen weltweit, und es wurden alle großen Opern aufgeführt. Doch der Niedergang kam rasch. Die Preise für Kautschuk verfielen – er konnte inzwischen synthetisch hergestellt werden. Auch hatten die Engländer mit außer Landes geschmuggeltem Samen in Malaysia erfolgreich Kautschuk kultiviert. An der Oper wurden die Aufführungen abgesagt, die Künstler packten die Koffer, und kaum jemand interessierte sich mehr für Manaus. Bald wurden die Straßen wieder mit Ölfunzeln spärlich erhellt – für die elektrische Straßenbeleuchtung, auf die man so stolz gewesen war, war kein Geld mehr vorhanden.

Seit 1990 gibt es das Teatro Amazonas wieder – mehrere Jahre wurde es aufwendig restauriert. Zunächst stand es nur zur Besichtigung offen, nun ist auch die Musik zurückgekehrt. 1996, 75 Jahre nach der letzten Aufführung, eröffnete José Carreras die Opernsaison, und 1997 fand das erste Opernfestival im Teatro statt.

Auch modernes Tanztheater kommt im Teatro Amazonas zur Aufführung (oben). – Seit der Renovierung zeigt die Kuppel Motiv und Farben der brasilianischen Nationalflagge (unten). Orchesterprobe (links unten).

Siesta am Opernhaus

Im Schatten der Bäume in der Nähe des Opernhauses hat ein Eisverkäufer seine Hängematte aufgespannt und hält Siesta. Auch die Arbeiter, die den ganzen Morgen Zement- und Zuckersäcke aus Holzbarken an Land geschleppt haben, legen erst einmal ein Pause ein. Es ist Mittag am träge dahinfließenden Rio Negro und mit 40 Grad Celsius brütend heiß. Die Arbeiter machen es sich in ihren Redes, ihren Hängematten, bequem, die unter einem Palmstrohdach befestigt sind. Wie fast alle Einheimischen lassen sie sich erst in zwei bis drei Stunden wieder draußen an den Bootsstegen blicken. Die Gewohnheit, ob tagsüber oder nachts, in Hängematten statt in Betten zu schlafen, haben die Amazonenser von den Indios übernommen. Diese flechten noch heute ihre Redes aus Lianen oder weben sie aus Baumwolle, die sie selbst anbauen.

Auf dem Amazonas bei Santarém: Mit gekonntem Schwung wirft der Fischer sein Netz aus.

Menschen im Schatten aus, hier schlafen Bettler und Straßenkinder, dahinter, in der Nähe der Häuser aus der Kolonialzeit, probt disharmonisch eine Blaskapelle.

Badeausflug. Wir fahren mit dem Rumpelbus – man kann auch ein Taxi oder ein Boot nehmen – mit anderen Badelustigen 30 Kilometer über eine Erdstraße nach *Alter do Chão*, den schönsten weißen Sandstränden der Region am Rio Tapajós. Hier tobt sich, besonders an den Wochenenden, amazonensische Lebenslust in

Der größte Nager überhaupt: das Wasserschwein (oben). Ein Brillenkaiman im Würgegriff der Anaconda (Mitte). Gefiederte Schönheit (unten).

traumhafter Landschaft aus. Gut 200 Kilometer von hier, den Rio Tapajós hinauf, liegt der *Parque Nacional da Amazônia*. Das rund 10000 Quadratkilometer große Terrain ist besonders bei Tierbeobachtern sehr beliebt.

Kolonialarchitektur und Folklore. Hinter Santarém ist nicht zu übersehen, daß sich der Amazonas nun deutlich verengt; mitunter war er mehr als 30 Kilometer breit gewesen, nun sind es nur noch 2. An diesem schmalen Teilstück liegt das Bischofsstädtchen *Óbidos*, wo wir erneut Halt machen. Der Besuch lohnt, denn Óbidos ist ein lebhafter Flußhafen mit Resten eines portugiesischen Forts und schönen Wohnhäusern aus der Kolonialzeit. Noch beeindruckender ist *Parintins*: Die außergewöhnlich originellen Folklorefestivals des abgelegenen Städtchens zählen zu den größten Kulturattraktionen Brasiliens und locken Jahr um Jahr Zigtausende Besucher aus allen Landesteilen an.

Einzigartige Natur. Wir haben uns an Bord inzwischen mit den meisten Passagieren angefreundet, gemeinsam gesungen und getrunken. An den Ufern vollführen abends und nachts Frösche unglaubliche Konzerte, Affen brüllen, und die Augen der Alligatoren blinken, wenn sie angeleuchtet werden. Manchmal prallen handtellergroße Käfer gegen die Bordlampen. Nur hier in Amazonien erreichen bestimmte Baumblätter die gigantische Größe von 2,5 Metern, und nur hier gibt es Schmetterlinge mit einer Flügelspannweite von bis zu 30 Zentimetern.

Wer in den Amazonaswäldern unterwegs ist, erlebt nicht nur eine faszinierende Fauna (oben), sondern unter Umständen auch echten »Urwaldzauber« (unten).

Wo die Wasser sich treffen. Vor dem Ziel der Reise, Manaus, steuert unser Kapitän noch den Amazonashafen *Itacoatiara* an, und unter den Passagieren macht sich allmählich Vorfreude breit. Wir nähern uns nämlich dem Zusammenfluß des humusschwarzen Rio Negro mit dem schlammiggelben Rio Solimões zum Amazonas. »Da ist er«, heißt es plötzlich – gemeint ist der *Encontro das Águas*, die Stelle, an der die beiden verschiedenfarbigen Flüsse zusammentreffen. Fast 5 Kilometer dauert es, bis sich die beiden Gewässer endlich vermischen und nicht länger farblich scharf voneinander getrennt nebeneinander herfließen. Die Anpassung vollzieht sich deshalb so langsam, weil die Temperaturen und die Strömungsgeschwindigkeiten beider Flüsse anfangs noch zu verschieden sind.

Nun zeigen sich die Betonblocks und Uferslums der Millionenstadt *Manaus*. Das Ende der Reise steht bevor, und es dauert eine Weile, bis sich die Augen auf diese neuen Bilder eingestellt haben. Sie stehen einfach in zu krassem Gegensatz zu den bisherigen Eindrücken.

Endlich am Ziel: im Hafen von Manaus (links) und in der lebendigen Altstadt (unten).

Planen und erleben …

Ein in Manaus erstandenes Schnäppchen wird mit dem Boot nach Hause befördert.

km	Entfernungen	
km	**Belém**	1615
	470 km	
470	**Gurupá**	1145
	390 km	
860	**Santarém**	755
	130 km	
990	**Óbido**	625
	175 km	
1165	**Parintins**	450
	260 km	
1425	**Itacoatiara**	190
	190 km	
1615	**Manaus**	km

Die Catedral da Sé in Belém.

Die Highlights

BELÉM

Belém ist die Hauptstadt des brasilianischen Teilstaates Pará und das Tor zum Amazonasgebiet. Die touristischen Reize der Metropole, in der fast eineinhalb Millionen Menschen leben, halten sich in Grenzen. Berühmt ist der Mercado Ver-o-peso, der Markt am Hafen, und ein besonders auffälliges Gebäude ist die gußeiserne, in England gefertigte Fischhalle. Unbedingt besuchen sollte man das von einem großen Urwaldpark umgebene Museu Paraense Emilio Goeldi, das eine bedeutende anthropologische Sammlung beherbergt. Im Park lassen sich exotische Vögel und andere Tiere Amazoniens in aller Ruhe beobachten – sogar besser als auf der Amazonastour.

Rund drei Stunden braucht das Fährboot von Belém zur 48 000 Quadratkilometer großen Ilha de Marajó. Für einen Besuch der riesigen Flußinsel und ihrer ursprünglichen Natur sollte man möglichst mehrere Tage einplanen.

Schönster Badeplatz mit immerhin 17 Stränden ist die Ilha do Mosqueiro, rund 80 Kilometer nördlich von Belém gelegen und per Linienbus zu erreichen. An den Wochenenden wird es allerdings voll und laut.

In den Städten sind die sozialen Gegensätze besonders augenfällig.

SANTARÉM

Die sympathische, 1661 von Jesuiten gegründete Hafenstadt zählt heute rund 280 000 Einwohner. Sie hat noch einige sehenswerte Altstadtreste, vor allem aber über sehr schöne Badestrände am einmündenden Rio Tapajós. In Santarém wandelt man auf den Spuren des hier bis heute hochgeschätzten deutschen Naturforschers und Amazonasexperten Carl Friedrich Philipp von Martius: Ihm brach 1819 just vor Santarém das Kanu, und im Kampf mit den Wellen gelobte er für den Fall seiner Rettung jener Kirche, auf die er gerade zuhielt, ein großes Altarkruzifix zu stiften. Tatsächlich schickte er aus München eine gußeiserne Nachbildung von Dürers gekreuzigtem Christus. Bis zum heutigen Tag befindet sich dieses Kruzifix in Santaréms zweitürmiger Hauptkirche am Hafen und wird als wundertätig verehrt. Nicht entgehen lassen sollte man sich die Strände der nahegelegenen Fischersiedlung Alter do Chão, wo auch einige einfache Unterkünfte zur Verfügung stehen.

Keine Angst vor Piranhas: Baden im Amazonas.

PARINTINS

Die Inselstadt mit rund 100 000 Einwohnern lohnt einen Aufenthalt vor allem wegen des Karnevals und des herausragenden Folklorefestivals, das immer in den letzten Junitagen stattfindet. Im Oktober feiert man das Festival do Verão, das Sommerfest. Auch um den Jahreswechsel herum ist der Veranstaltungskalender gut bestückt.

An Naturschönheiten sind die Serra de Parintins zu erwähnen, die Strände des Rio Uaicurupá, die zwischen August und Februar hochwasserfrei sind, sowie der Lago do Macuricaná, an dessen Ufern man wunderbar Vögel beobachten kann.

Warten aufs Entladen: Bananenlieferung im Hafen von Manaus.

MANAUS
Die Hauptstadt des Teilstaates Amazonas, in der etwa eineinhalb Millionen Menschen leben, entspricht kaum europäischen Wunschvorstellungen von einer Metropole im Dschungel. In großen Teilen ist sie nämlich eher häßlich und von extremer Armut gezeichnet. Architektonische Perlen sind das Teatro Amazonas und einige Villen aus

Die Ilha de Marajó ist die größte Flußinsel der Erde.

der Zeit des Kautschukbooms. Die nähere und weitere Umgebung von Manaus läßt sich, je nach Gusto und Geldbeutel, gut per Boot erkunden. Bereits von Europa aus kann man Aufenthalte in – allerdings relativ teuren – Urwaldhotels buchen. Empfehlenswert sind »Ariaú Jungle Tower«, »Amazon Lodge«, »Lago Salvador Lodge« und »Amazon Ecopark Lodge«. Wer Zeit hat, sollte eine einwöchige Tour zum etwa 80 Kilometer langen Anavilhanas-Archipel im Rio Negro wagen – vor allem Vogelliebhaber kommen dort auf ihre Kosten. Von Manaus aus kann man in sämtliche größeren Städte Brasiliens sowie in die Nachbarländer fliegen. Auch besteht die Möglichkeit, mit dem Bus über Boa Vista nach Ciudad Guayana, Venezuela, zu reisen und auf diese Weise Anschluß an Route 1 zu finden. Die Busreise ist allerdings anstrengend und zeitraubend.

Tips für unterwegs

Ein guter Insektenschutz und ein Moskitonetz sind unverzichtbar, Malariaprophylaxe sowie Impfungen gegen Gelbfieber, Tetanus und Hepatitis ebenfalls. Wegen krankheitsübertragender Raubwanzen und großer Giftspinnen sollte man nie in Hütten oder Katen schlafen. Auch verzichtet man am besten auf frische Salate und Leitungswasser. Auf geführten Wanderungen in den Urwald ist immer festes Schuhwerk anzuraten. Brasilien ist trotz seiner Wirtschaftskraft ein Land mit Massenarmut und hoher Kriminalität. Mit gefährlichen Situationen, primitiven hygienischen Bedingungen und Lärm muß deshalb gerechnet werden. Gefragt sind Improvisation, Anpassung und Toleranz. Relativ »trocken« ist es am Amazonas zwischen Juli und September, deutlich mehr Regen fällt von Dezember bis Mai. Die Schiffsreise von Belém bis Manaus

Fischmarkt in Santarém.

dauert fünf Tage; steigt man unterwegs aus, läßt sie sich auf Wochen ausdehnen. Falls nicht gerade große Veranstaltungen stattfinden, stellt die Unter-

Dicht an dicht liegen Boote im Hafen von Abaetetuba südlich von Belém.

kunftssuche kein Problem dar. In Santarém und anderen kleineren Städten gibt es ausreichend passable Übernachtungsmöglichkeiten.

SOUVENIRS
Hängematten in den verschiedensten Ausführungen und Preislagen bekommt man in speziellen Läden, den »depositos«, in Belém. Auch fliegende Händler haben immer einen ganzen Packen davon über der Schulter. Auf Beléms Ver-o-Peso-Markt gibt es Zukkerrohrschnaps mit originell eingelegten Aromagebern, meist Pflanzen oder Früchten. Indianisches Kunsthandwerk aus der Amazonasregion bietet das Museu do Indio in Manaus an. In Brasilien hört man immer wieder tolle Musiktitel, die einem im Ohr bleiben. Weil sie sehr häufig nicht auf CD, sondern nur auf selbst hergestellten Kassetten erhältlich sind, sollte man zugreifen, wenn sie auf Märkten oder an Bushaltestellen angeboten werden.

Der Schnabel macht mehr als ein Drittel der Gesamtkörpergröße des Tukans aus.

SIEGEN MIT HILFE VON OBEN

»Gott ist Brasilianer«, das sagt man nicht nur am Zuckerhut. Ohne ihn und seine gütige Hand ließe sich auch am Amazonas kein Fußballspiel gewinnen. In Brasilien, diesem sehr katholischen Land, das gleichzeitig seine afrobrasilianischen Kulte so lebendig hält, ist es ganz normal, sich auch im Fußballstadion auf höhere Mächte zu besinnen.

»Gott segnete Taffarels Hände«, sagte ein Nachrichtensprecher nach dem Sieg Brasiliens über Holland bei der Fußball-WM 1998. Der Torhüter heißt seitdem auch »mão santa«, heilige Hand. Auch für die zahllosen Anhänger des Macumbakults steht außer Zweifel, daß magische Zaubereien für Sieg und Niederlage einer bestimmten Mannschaft sorgen können. In den Kultstätten stimmt man die guten Götter zugunsten der eigenen Spieler gnädig, den Gegnern dagegen, egal ob Holländer, Franzosen oder wer immer, hetzt man böse Geister und Dämonen auf den Hals.

Berühmtes Ausflugsziel in der Umgebung von Natal: der Strandort Genipabu mit seinen 50 Meter hohen Wanderdünen.

Von Rio de Janeiro nach Fortaleza

ROUTE 3

Weit ist die Reise von der Stadt am Zuckerhut hinauf in Brasiliens Nordosten. An den bisweilen lebhaften, bisweilen stillen Badeplätzen, in den hübschen Küstenorten, im Hinterland von Bahia, in Salvador und Recife präsentiert das große Land einige seiner schönsten Seiten.

ROUTE 3

Traumküsten im Osten

An seiner dem Atlantik zugewandten Seite zeigt sich Brasilien mit Stränden von überwältigender Schönheit und erstaunlicher Länge, die zu entdecken ein großes Erlebnis ist. Wer sich zudem auf die Menschen, ihre Geschichte von Sklaverei und Unterdrückung, ihre Armut und ihre unbändige Lust am Leben einzulassen vermag, dem wird dieser Landesteil unvergeßlich bleiben.

Stefan Zweig, ein intimer Kenner *Rio de Janeiros* und seiner Bewohner, hat einst über die Stadt am Zuckerhut gesagt: »Es gibt – wer sie einmal gesehen, wird mir nicht widersprechen – keine schönere Stadt auf Erden, und es gibt kaum eine unergründlichere, eine unübersichtlichere. Man wird nicht fertig mit ihr.« Diese Charakterisierung hat bis heute nichts von ihrer Gültigkeit verloren. Die Sieben-Millionen-Stadt Rio vereinigt extreme Gegensätze in sich, sie ist Paradies und Inferno zugleich, sie zeigt sich schön und häßlich, reich und elend, anziehend und abstoßend.

Sich einfach unter einen Wasserfall zu stellen ist das beste Mittel gegen die mittägliche Hitze in der Chapada Diamantina. Zum Glück gibt es dort genug davon.

Nicht nur in Rio, auch entlang der Route in den wenig entwickelten Nordosten Brasiliens läßt sich viel Schönes und Angenehmes entdecken, und wie in Rio wird man auch unterwegs immer wieder mit den vielfältigen sozialen Problemen des Landes konfrontiert.

Vom Zuckerhut aus geht es mit dem Mietwagen oder im komfortablen Omnibus ins alte Zentrum Rios, in die quirlige City mit ihren Banken und Geschäftshäusern. Der Weg führt über die Hochstraße am Hafen, rechts liegt die alte Ilha Fiscal, die Zollinsel aus der Kolonialzeit, mit einem märchenhaft anmutenden grünen Schlößchen darauf, links oben sieht man das Benediktinerkloster Mosteiro de São Bento. Unterwegs zur Küstenstraße RJ 106 geht es rechts über die gewaltige, 14 Kilometer lange Betonbrücke nach *Niterói*. Bei starkem Wind, Staus oder Unfällen ist sie oft stundenlang unpassierbar. Niterói, auf der anderen Seite der Baía da Guanabara, ist nicht besonders ansehnlich, doch von der Buchteinfahrt hat man einen unübertroffen herrlichen Blick auf den Zuckerhut und die Serra dos Órgãos, das Orgelgebirge.

Bleiben, wo man will. Der erste schöne Badeort ist Cabo Frio, seine feinen weißen Sandstrände locken an den Wochenenden unzählige Städter an. Nicht weit von hier liegt Armação dos Búzios. Einst ein Fischerdorf ohne Stromanschluß, ist Búzios heute so etwas wie das St.-Tropez von Brasilien. Es war Brigitte Bardot, die den wunderschön gelegenen Ort in den 1960er Jahren entdeckte und bekannt machte; dennoch hat sich Búzios viel von seinem ursprünglichen Charme bewahren können.

Auf dem weiteren Weg führt die recht gut ausgebaute BR 101 gen Norden fast immer am Meer entlang, und es ist ein Leichtes, geeignete Rast- und Badeplätze auszumachen. Unweit der Grenze zwischen den Bundesstaaten Rio de Janeiro und Espírito Santo lädt Piúma zu einem weiteren Badeaufenthalt ein.

In exponierter Lage. Ähnlich schön wie Rio in eine Bucht gebettet ist *Vitória* mit seinen knapp 300 000 Einwohnern; nicht versäumen sollte man hier das Felsen-

Nach einem langen Strandtag in Tibaú do Sul warten im Hotel Hummer, exotische Früchte und eine freundliche Bedienung.

Kunstvoll gefertigt sind die bunten Tonfiguren aus Curuarú.

»Der Anführer des Karnevalumzugs schien wie besessen. Er tanzte in afrikanischen Rhythmen, die ihm von seinen Vorfahren im Blut lagen.«

Jorge Amado,
Leute aus Bahia, 1933

Daß früher auf dem Largo de Pelourinho in Salvadors Altstadt Sklaven öffentlich gefoltert wurden, kann man sich heute kaum noch vorstellen. Rechts leuchtet die blaue Igreja Nossa Senhora do Rosário dos Pretos (oben). Am Strand von Majorlândia laufen kleine Segelboote aus (unten).

Blumen über Blumen: Das Fest für die Meeresgöttin Yemanjá wird vorbereitet.

kloster Convento Nossa Senhora da Penha im Strandvorort *Vila Velha*: Aus der Tropenhitze steigt man in die Höhe, wo ein kühles Lüftchen weht und sich betende Gläubige Hilfe von der Senhora erhoffen. In der Sala dos Milagres, dem Saal der Wunder, kann man sich, wie in so vielen Kirchen auf dem Weg nach Fortaleza,

Sind Namen Schall und Rauch?

Wer in Brasilien eine Zeitung zur Hand nimmt und in den Lokalnachrichten blättert, begegnet Merkwürdigem: Da ist von einem jungen Mann namens Goethe die Rede, Hermann Hesse soll ein neues TV-Magazin moderieren, Richard Wagner ist mit seinem PKW gegen eine Polizeikabine gefahren, und Mozart hat, so heißt es, seinen Politikerposten niedergelegt. Hier in Brasilien ist eben auch bei den Vornamen vieles anders. Und natürlich sind unerfahrene Ausländer oft irritiert, wenn ihnen bei geschäftlichen oder privaten Anlässen Leute als Chopin, Elvis Presley oder Einstein vorgestellt werden. Brasilianische Eltern lieben es, ihre Sprößlinge nach Berühmtheiten zu nennen, und eine ganz besondere Schwäche haben sie für die großen europäischen Dichter, Denker und Musiker. Mitunter greifen sie bei der Namensgebung allerdings auch ganz arg daneben: Da gibt es – mit Billigung der Behörden – nämlich auch kleine Hitlers, kleine Mussolinis und kleine Stalins…

die Fotos ansehen, die Menschen aus Dankbarkeit hierher brachten. Hinter Vitória empfiehlt sich die Weiterfahrt auf dem küstennahen Sträßchen ES 10: Kurz vor dem Ort Coqueiral de Aracruz verkaufen Guarani-Indios an einem Stand Kunsthandwerk – ihr einfaches Dorf Boa Esperança (Gute Hoffnung) kann man besuchen, es liegt nur einige Schritte entfernt. Auch an der über 8000 Kilometer langen Küste Brasiliens wurden so gut wie alle indianischen Stämme ausgerottet – hier bietet sich die höchst seltene Gelegenheit, letzte Überlebende kennenzulernen.

Tierschutz am Strand. Bald gelangt man nach Barra do Riacho, wo man sich entscheiden kann, entweder auf die BR 101 zurückzufahren oder die Staubstraße zum Naturschutzgebiet *Reserva Biologica de Comboios* zu nehmen. Wir befinden uns nun an den südlichen Ausläufern jener »Entdeckerküste«, die von der UNESCO zum Weltkulturerbe erklärt worden ist. In dem Reservat unterhält das brasilianische Tamar-Projekt eine Station zum Schutz der großen Meeres-

Reizvoller Kontrast: die denkmalgeschützte Schönheit Olindas und die Skyline Recifes.

schildkröten. Die bis zu 600 Kilogramm schweren Schildkrötenweibchen kommen an Land, graben Löcher in den Sand und legen dort je etwa zweihundert Eier ab. Um an den Tieren einen Sender oder eine Kennmarke anbringen zu können,

Pferdestärken in der Chapada Diamantina.

Üppig grüne Palmen säumen die Ufer des südlich von Salvador gelegenen Ortes Camamu.

müssen sich die Biologen regelrecht auf sie werfen. An den Stränden schlüpfen in hellen Mondnächten die kleinen Tartarugas und krabbeln zum Wasser. Die Wissenschaftler haben übrigens nichts dagegen, wenn interessierte Touristen dieses einmalige Schauspiel miterleben möchten.

Keine Spur von Großstadthektik: Während die Männer in Camamu das Treiben auf der Straße beobachten, bleibt immer noch Zeit für ein Brettspiel (oben). – João Pessoa ist Brasiliens drittälteste Stadt (unten).

Fünfhundert Jahre nach den »Entdeckern«. Viele Kilometer geht es nun auf der Hauptstraße den Atlantik entlang; immer wieder führen holprige Wege direkt ans Wasser. Einen wunderschönen Strand hat *Itaúnas:* Hier verschluckten einst 30 Meter hohe Wanderdünen eine ganze Stadt. Stunde um Stunde zieht sich die Fahrt durch die Überreste jenes Regenwaldes hin, den der portugiesische Eroberer und Flottenkommandeur Pedro Alvares Cabral im April des Jahres 1500 zum ersten Mal erblickte. Nirgendwo

sonst auf der Welt, nicht einmal am Amazonas, findet man so viele verschiedene Bäume: Auf einem Hektar wachsen über 450 unterschiedliche Arten, und in den geschützten Zonen leben Jaguare, Reptilien, Affen und unzählige Papageien. Leider sind nur noch rund 5 Prozent der Atlantikwälder erhalten, und selbst vom Auto oder Bus aus kann man unschwer erkennen, daß die Zerstörung weitergeht. In Eunápolis führt eine gut ausgebaute Straße zu dem von Cabral gegründeten Küstenstädtchen *Porto Seguro*. Während der Saison tobt hier laut und unzügelt der Massentourismus. Sich diesem Treiben eine Weile hinzugeben und sich nachts auf der kilometerlangen Amüsiermeile »Passarela do Alcool« zu vergnügen, heißt, praller brasilianischer Lebenslust gewahr zu werden. Zur Erholung bieten sich dann die ruhigen Strände an, die unweit der Stadt zu finden sind.

Amados Welt. Mitten durch Brasiliens Kakaoanbaugebiete geht es weiter über die BR 101 nach Itabuna, das wenig an-

sehnliche Zentrum der Kakaoregion. Im nahen *Ilhéus* wuchs der bedeutende brasilianische Romancier Jorge Amado auf, auch die Schauplätze seines zu Weltruhm gelangten Werkes »Gabriela wie Zimt und Nelken« sind hier zu finden. Wir wählen als letzte Station vor der umtriebigen Millionenstadt Salvador da Bahia nicht Feira de Santana mit seinem berüchtigten illegalen Markt für Tropentiere, sondern bleiben lieber für einige Tage im idyllischen Kolonialstädtchen *Cachoeira*, übernachten im spätbarocken Convento do Carmo und streifen durch Gäßchen, in denen die Milch noch mit dem Pferd ausgefahren wird. Wer sich wachen Auges umsieht, nimmt Szenerien wahr, die so drastisch-naturalistisch sind wie in den Romanen Amados: schummrige kleine Tanzdielen, primitive Bordelle, einfachste Lehmhütten voller nackter Kinder, dralle Matronen, junge Mulattinnen, die ihre Reize zur Schau stellen, Lambadatänzer in den offenen Cafés am Rio Paraguaçu. Über den Fluß führt eine Brücke in den nicht minder reizvollen Nachbarort *São Felix*, der

Warten auf Kundschaft in Salvador.

Mit einer großen Schiffsprozession wird Anfang Februar an Salvadors Praia Santana die »Festa de Yemanjá« begangen. Weißgekleidete Baianas bringen der Meeresgöttin Blumen- und Duftgaben dar (oben, unten, großes Bild und links).

Im Hinterland nahe Curuarú (unten). – Von Recife aus nur ein Katzensprung: Olinda mit seinem hügeligen Stadtkern (rechts).

Willkommen im Urlaubsparadies: Schweizerisch-brasilianisch geführte Pension an der Praia da Pipa (oben). – Die Früchte des Landes (rechts).

eng mit dem Tabakbaron Gerhard Dannemann verbunden ist. Er war es, der die Brücke Ende des 19. Jahrhunderts aus England importieren ließ.

Bahia ist schwarz. Dies alles bietet bereits einen guten und in Ruhe zu genießenden Vorgeschmack auf die Hauptstadt Bahias, das brodelnde, magische, lasterhafte, schwarze und von Slums übersäte *Salvador*. Hier gilt wie in ganz Bahia: Rund 80 Prozent der Bewohner sind schwarze Sklavennachfahren, und doch dominiert nach wie vor politisch und wirtschaftlich eine weiße Elite. Über die Estrada do Côco, die Kokosstraße, geht es von Salvador aus in das gut 70 Kilometer entfernte Stranddorf *Praia do Forte*. Die Kokospalmen gelangten schon im 16. Jahrhundert hierher, portugiesische Segelschiffe brachten sie seinerzeit aus Polynesien und Mikronesien in die neue Kolonie. Wie in Salvador, so umfächelt auch in Praia do Forte wundervoll samtige Tropenluft die Reisenden aus aller Welt. Kilometerweit erstreckt sich der Palmenstrand mit Korallenriffen und Lagunen.

Lieblingsorte jenseits der Zentren. Sehr viel stiller als in Praia do Forte ist es auf der idyllischen Halbinsel *Mangue Seco*, die man über die von Palmen und Zuckerrohrfeldern gesäumte Küstenautobahn »Linha Verde« erreicht. Die Wanderdünen sind eine wunderschöne Kulisse für endlose Strandspaziergänge und Tropenträumereien unter einem sternenklaren Himmel – fast wie im Film.

Die andere Seite des Wassers befindet sich bereits in Sergipe, dem nächsten Bundesstaat im Nordosten von Brasilien. Der Anschluß zur BR 101 führt über das Städtchen *Estância*. Allerspätestens beim Gang durch seine Marktviertel wird offenbar, daß die wahren Kleinode dieser Traumstrecke fernab der großen Küstenstädte liegen. Im Grunde sollte man viel Zeit für spontane Abstecher einplanen.

Ob tropisches Obst (oben), romantische Spitzen (Mitte) oder gegrillte Meeresfrüchte (darunter) – die Straßenverkäufer an der Küste halten alles bereit. – In Olinda (unten). An der Praia da Pipa (links).

Das gilt besonders für das Hinterland der Zuckerrohrregion des Bundesstaates Alagoas, wo zum Teil noch halbfeudale Machtstrukturen herrschen. Über Aracaju geht es nach *Penedo*, einer Perle am Rio São Francisco. Beim Durchstreifen des kleinen Stadtzentrums mit Ober- und Unterstadt, aber auch der Armensiedlungen an der Peripherie, erschließt sich vieles erst auf den zweiten oder dritten Blick, und man wird neugierig auf die Nachbarorte. In Penedo haben sich Franziskaner niedergelassen, ebenso im sehenswerten Marechal Deodoro kurz vor der Provinzhauptstadt Maceió. Die deutschen Padres, die hier tätig sind, freuen sich, wenn Reisende Interesse an ihrer Arbeit zeigen, sehen sie sich doch enorm schwierigen sozialen Aufgaben gegenüber. Der Teilstaat Alagoas steht für extreme Armut, für Hunger, Gewalt und korrupte Eliten. Dabei wirkt vieles zunächst so idyllisch und entspricht ganz den gängigen Vorstellungen von den wunderbaren Tropen. Am nahen *Praia do Francês*, einem der interessantesten und schönsten Strände Brasiliens, läßt sich – bei frischen Langusten und Caipirinha – gut darüber nachsinnen, daß einem Durchreisenden doch vieles verborgen bleibt.

Bis hinauf zur Millionenstadt Recife folgt an der zumeist flachen, mit Zuckerrohr und Palmen bewachsenen Küste ein Prachtstrand auf den anderen: *Barra de Santo Antônio*, *Maragoji*, *São José da*

Fortsetzung Seite 80

Einige Anstrengung kostet es schon, den Morro do Pai Inácio, das Wahrzeichen der Chapada Diamantina, zu besteigen – doch es lohnt sich.

Schluchten, Höhlen, Wasserfälle

Kolonialbauten vor grüner Kulisse: das Chapada-Örtchen Palmeiras.

Am Felsenbach Ribeirão do Meio entfaltet sich allmorgendlich die schönste Waschplatzidylle: Schwarze Frauen jeden Alters streben, enorme Aluschüsseln voller Kleidungsstücke auf dem Kopf balancierend, in Richtung Wasser, begleitet von einem Haufen nackter Kinder. Der klare, angenehm temperierte Bach schlängelt sich direkt hinter dem Städtchen Lençóis zwischen gigantischen Steinquadern hindurch und bildet immer wieder regelrechte Becken. Hier wird die Schmutzwäsche kräftig eingeseift und über den Granit geschlagen, daß es nur so klatscht. Gegen Mittag gleicht der felsige Waschplatz einem bunten Mosaik: Hemden und Schlüpfer, Büstenhalter und Bettbezüge sind dicht an dicht zum Trocken ausgebreitet. Jetzt ist es so heiß hier, daß man auf den Steinen kaum mehr barfuß gehen kann. Folgt man dem Bachlauf, der in der Regenzeit zwischen November und Februar kräftig anschwillt, nach Westen, gelangt man bald zu den Ausläufern des an Naturschönheiten reichen Parque Nacional da Chapada Diamantina. Je weiter man sich vom Bach wegbewegt, um so seltener läßt es sich leichtfüßig von Stein zu Stein hüpfen. Große Granitblöcke liegen im Weg, und man muß sich durch dichtes, dorniges Unterholz mühsam einen Steilhang hinaufarbeiten. Doch die Kletterei lohnt sich: Von oben eröffnet sich ein wundervoller Blick über die imposanten Tafelberge des gut 150 000 Hektar großen Schutzgebiets. Ganz in der Nähe liegt die Gruta do Lapão, eine der größten Höhlen Brasiliens, voll glitzernden Quarzitgesteins. Erfrischung und Abkühlung verheißt die ebenfalls nicht weit entfernte Cascata do Sossego, in deren stark eisenhaltigem Wasser man baden kann. Für einen Ausflug zur höchsten Erhebung in der Chapada, dem 1200 Meter hohen

Wie Rauchschwaden schießt das Wasser der Cachoeira da Fumaça aus dem Berg (oben). In der Gruta Lapa Doce kann man sich von der Hitze erholen und bizarre Tropfsteingebilde bewundern (unten).

und mit Kakteen bewachsenen Tafelberg Morro do Pai Inácio braucht es schon etwas mehr Zeit. Besonders komfortabel ist – vor allem angesichts der gleißenden bahiani-

Üppige Vegetation, grandiose Wasserfälle und herrliche Naturschwimmbecken: Die Chapada ist ein Paradies für Naturfreunde.

schen Sonne – eine Fahrt mit dem Mietauto. Auch die spektakuläre Cachoeira da Fumaça, der Wasserfall des Rauchs, ist auf diese Weise gut zu erreichen. Aus 400 Meter Höhe stürzt das Wasser in die Tiefe und erzeugt dabei feine Nebel, die in allen Regenbogenfarben schillern. Ein weiteres Highlight in der Chapada ist die Tropfsteinhöhle Gruta da Lapa Doce.

Kaum mehr begegnen einem heute wild aussehende Gesellen, die Schürfpfanne über der Schulter. Große Diamantenfunde zogen einst sehr viele Menschen, die ihr Glück machen wollten, nach Lençóis, das in den Jahren zwischen 1850 und 1870 seine größte Blüte erlebte. Damals hatte das Städtchen mehr als 30 000 Einwohner und sogar ein französisches Konsulat. Heute wohnen in dem Ort mit seinen schönen alten Kolonialhäusern nur noch etwa 7000 Menschen. Die Glücksritter sind selten geworden in Lençóis, dafür kommen seit einigen Jahren mehr und mehr Reisende hierher, die sich nach Stille und Naturerleben sehnen und dem lauten, gut 400 Kilometer entfernten Salvador da Bahia für ein paar Tage den Rücken kehren wollen.

Coroa Grande, Porto de Galinhas. Wann immer es sich einrichten läßt, sollte man sich hier eine Pause gönnen. Verlockend sind auch die überaus köstlich zubereiteten Meeresfrüchte, die es überall für wenig Geld zu kaufen gibt.

Genipabu: Kleine Fähren bringen die Strandjeeps zu den Dünen (oben). – Sand, soweit das Auge reicht: am Strand Canoa Quebrada (Mitte).

In neuem Glanz. *Recife* wartet mit einer angenehmen Überraschung auf: Endlich wurde die verfallende Innenstadt am Hafen restauriert. Hier residierte im 17. Jahrhundert, während die Stadt kurzzeitig unter holländischer Herrschaft stand, der deutsche Prinz und Statthalter Johann Moritz von Nassau-Siegen, hier wurde Lateinamerikas erste Synagoge errichtet, und hier torkelte in den vierziger Jahren des letzten Jahrhunderts Orson Welles betrunken durch heruntergekommene Bars und Bordelle. Die nur wenige Kilometer entfernte Stadt *Olinda* wurde schon 1982 von der UNESCO zum Weltkulturerbe erklärt. Mit seinen barocken Kirchen, den Klöstern und den niedrigen Kolonialhäusern mit üppigen Gärten lockt Olinda viele Reisende an. Auch im 1585 gegründeten *João Pessoa*, der charmanten, luftig-grünen Hauptstadt des Bundesstaates Paraíba, hat man kräftig restauriert.

Strandspaß und soziales Gewissen. Auf dem weiteren Weg über die weder touristisch noch kulturhistorisch besonders interessante Stadt Natal bis nach Fortaleza zeugt die Landschaft immer wieder von regelrechten Dürrekatastrophen. Diese wiederum sind die Folgen der jahrhundertelangen Naturzerstörung. Die Armut ist allgegenwärtig, an der Straße stehen Menschen und betteln. Welch krasser Gegensatz ist es da, eine Dünentour mit einem der Strandjeeps zu unternehmen, die vielerorts vermietet werden. Es ist sogar möglich, auf diese Weise die 800 Kilometer lange Strecke zwischen Natal und Fortaleza zurückzulegen und in Fischerdörfern oder am famosen Strand Canoa Quebrada zu übernachten.
Etwa 120 Kilometer südlich von Fortaleza liegt das kleine Langustenfischerdorf *Prainha de Canto Verde*, das dem früheren Swissair-Manager René Schärer viel zu verdanken hat. Allein und ohne

Am Strand von Canoa Quebrada liegen die Segelboote (links), bis der Wind günstig steht für eine kleine Tour (oben).

Immer mehr Brasilienreisende entdecken die wunderbaren Strände im Nordosten. Und für Urlauber, denen es zu langweilig ist, auf dem Liegestuhl in der Sonne zu braten, gibt es Beschäftigungsmöglichkeiten in Hülle und Fülle (unten und links).

jegliche Unterstützung begann er 1991 mit ersten Projekten, um den verarmten Menschen, die weder schreiben noch lesen konnten, eine neue Perspektive zu verschaffen. Die Bedingungen hätten schwieriger nicht sein können, doch er hat es geschafft. Die Dorfgemeinschaft gilt in ganz Brasilien als beispielhaft, weil sie tatsächlich Wege aus der Armut zeigt. Für ihr von sozialer Verantwortung getragenes Tourismusprojekt wurde sie bereits mit einem internationalen Preis ausgezeichnet. Besucher können in Prainha do Canto Verde bei Fischerfamilien wohnen und auf den fragilen Segelflößen, den »Jangadas«, mit aufs Meer hinaus fahren.

Flanieren in der Stadt. Die Millionenstadt *Fortaleza* schließlich, die den Endpunkt der Reise markiert, ist das Dorado der Mittel- und Oberschicht im Nordosten des Landes, wie an der Strandmeile Volta da Jurema mit ihren schicken Appartementanlagen, Restaurants und Bars unschwer zu erkennen ist. An den Wochenenden scheint nachts die halbe Stadt hier unterwegs zu sein. Dabei gibt es doch auch noch die *Praia do Iracema* mit ihrer Ponte Metalica, dem Anleger aus Stahlbeton, auf dem es sich so gut flanieren läßt. Die einfachen Leute amüsieren sich allerdings am liebsten in der belebten Altstadt mit ihren Musikern und Zauberern. Möge jeder dort eintauchen, wo es ihm am verlockendsten erscheint.

Planen und erleben …

Die Lufttemperatur liegt im Jahresdurchschnitt bei 27° Celsius: Da tut ein erfrischendes Bad im Meer immer gut.

ENTFERNUNGEN

↓ km		↑
	Rio de Janeiro	4932
	510 km	
510	**Vitória**	4422
	545 km	
1055	**Eunápolis**	3877
	672 km	
1727	**Salvador**	3205
	347 km	
2074	**Aracaju**	2858
	280 km	
2354	**Maceió**	2578
	216 km	
2570	**Recife**	2362
	284 km	
2854	**Natal**	2078
	517 km	
3371	**Fortaleza**	1561
	1561 km	
4932	**Belém**	km

Die Highlights

RIO DE JANEIRO

Natürlich muß man in Rio die Strände Copacabana und Ipanema erlebt haben. Etwas Zeit sollte jedoch auch für Rios Innenstadt erübrigt werden. Das beste Verkehrsmittel dafür ist die U-Bahn, vom belebten Largo da Carioca aus (Haltestelle Carioca) lassen sich viele Sehenswürdigkeiten auch gut zu Fuß erreichen. Ein imposantes Zeugnis moderner Architektur ist die mehr als 20 000 Menschen fassende kegelförmige Nova Catedral mit ihren monumentalen Glasfenstern.

SALVADOR DA BAHIA

Die an prachtvollen Kolonialbauten und Kirchen reiche Hauptstadt des Teilstaates Bahia ist ein Stück Afrika mitten in Brasilien. Der größte Teil der mehr als zwei Millionen Einwohner stammt von Sklaven ab, deshalb sind afrobrasilianische Kulte, Riten und Religionen hier besonders lebendig. Am interessantesten ist die jüngst restaurierte Altstadt um den Largo de Pelourinho: Wo früher Sklaven gemartert wurden, tritt heute einmal pro Woche die auch in Europa bekannte Trommlergruppe »Olodum« auf. Lohnend ist ein Spaziergang zum Forte de Monte Serrat, der ältesten Festung Bahias, und zur Igreja do Bonfim, einer der meistbesuchten Wallfahrtskirchen Brasiliens.

Fortalezas Wolkenkratzer tun dem Charme der Stadt keinen Abbruch.

An den meisten Stränden sind die Bedingungen zum Surfen ideal.

Für einen Aufenthalt in Salvador eignen sich die Monate Dezember bis März besonders gut. Es ist dies die Zeit der Feste und Prozessionen und des wilden, ekstatischen Karnevals.

RECIFE

Im Zentrum der von vielen Wasserarmen durchzogenen Millionenstadt geht es tagsüber sehr bunt zu: Im Schatten von Häusern und Bäumen rauchen alte Frauen ihre Tabakspfeife, Kauflustige wühlen in farbenfrohen Kleiderbergen, es riecht nach Gewürzen, Trockenfleisch und Dörrfisch. Für die Touristen hat man das Strandviertel Boa Viagem mit Bettenburgen und Bars, Discos und Stripteaselokalen ausgestattet. Viel schöner kann man seine Zeit aber in der Altstadt am Hafen verbringen, oder im nahen Städtchen Olinda, wo sich nicht zufällig viele Künstler niedergelassen haben.

FORTALEZA

Unter den großen Orten im Nordosten ist Fortaleza, die Hauptstadt Cearás, am lebendigsten. Das gilt auch für das Strandleben: Nirgendwo sonst in Brasilien stehen die offenen, runden Bars mit ihren Dächern aus Palmstroh so dicht an dicht wie beispielsweise an der Praia do Futuro. Die kleinen Tische und Stühle gleich am Wasser sind für alle da, man kann sie kostenlos benutzen. Es wird gegrillt und Musik gemacht, daß es die reinste Freude ist.

Ein Eldorado für Souvenirjäger: der Touristenmarkt in Fortaleza.

WEITERE ZIELE

Nach Belém an der Amazonasmündung gelangt man von Fortaleza aus über Sobral, Teresina und Santa Inés. Reizvoller ist es, zunächst über den

Fangfrisch auf den Tisch.

Dünenort Jericoacoara und das Städtchen Parnaíba zu fahren. Der dann folgende Küstenabschnitt ist absolut spektakulär und lohnte allein schon eine Reise nach Brasilien – der abgelegene Parque Nacional das Lençois Maranhenses ist die einzige echte Wüste des Landes und einmalig auf der Welt: Bis zu 30 Meter hohe Dünen aus feinstem weißen Sand, die ständig ihre Form verändern, bestimmen das Landschaftsbild. Dazwischen liegen kristallklare Seen, in denen sich Schildkröten tummeln, die man mit bloßer Hand fangen kann. Zugänglich ist der Nationalpark über den Ort Barreirinhas; von dort fahren auch Busse in die hübsche Provinzhauptstadt São Luís.

Wild und ursprünglich ist die Praia da Pipa.

Tips für unterwegs

Zwar ist es empfehlenswert, sich bei einer internationalen Verleihfirma ein Auto zu mieten und damit die Küste hinaufzufahren, doch das hat seinen Preis. Zu den recht hohen Tagessätzen kommen noch die Rückführungsgebühren. Verlangt werden ein internationaler Führerschein sowie eine Kreditkarte, auch darf man nur befestigte Straßen benutzen. Gerade an urwüchsige Strände führen aber meist nur Feld- oder Sandwege. Wer landesunkundig ist, sollte sich aus Gründen der Sicherheit stets vor Ort informieren, wo man am besten parkt. Bedacht werden sollte auch, daß Brasilien weltweit die meisten Verkehrstoten zu beklagen hat – es wird in diesem Land extrem schnell gefahren. Viel billiger und inzwischen auch durchaus komfortabel ist das Reisen mit Überlandbussen. Man kommt fast überall hin, lernt andere Menschen kennen und kann auf diese Weise manchen Streß vermeiden. In sogenannten Leito-Bussen gibt es auch Schlafsitze zum Ausstrecken.

In der »Pirata-Bar« kann man Fortalezas Nachtleben genießen.

Mit dem Auto in der Chapada Diamantina, hier am Morro do Pai Inácio.

Zur Einstimmung auf Land und Leute dienen Bücher brasilianischer Autoren wie Jorge Amado oder João Ubaldo Ribeiro, beide aus Bahia.

Als Frau allein zu reisen, ist möglich, verlangt aber gelegentlich Courage und Reaktionsschnelligkeit – im Macho-Land Brasilien gibt es mit einem Mann an der Seite deutlich weniger Probleme. Per Anhalter fahren sollten Frauen nicht.

Hier macht das Jeepfahren Spaß: am Strand von Canoa Quebrada.

Am Hafen von Salvador.

SOUVENIRS

Spaß macht es, in Salvadors Edelsteinläden zu stöbern. Wer kaufwillig ist, sollte unbedingt feilschen. Schier unüberschaubar ist das Angebot an Lederwaren jeder Art. Schöne Dinge hält auch der außergewöhnlich gute, nächtliche Folkloremarkt auf der Strandpromenade von Fortaleza bereit. Eindecken kann man sich überall mit schicker Sommermode.

Im Karnevalsrausch

Abends um acht Uhr auf der Avenida Presidente Vargas im Zentrum von Rio de Janeiro – Zehntausende suchen den Platz, an dem sich ihre Sambaschule zur Karnevalsparade aufstellt. In einer Stunde wird den etwa 150 000 Zuschauern im Sambódromo und den vielen Millionen an den Fernsehern präsentiert, was sich die rund fünfzig Sambaschulen der Stadt in diesem Jahr ausgedacht haben. Welche wohl die beste ist? Eine Schule zeigt, wie sich die Indianer die Erschaffung der Welt vorstellten.

Und über 5000 machen mit – verkleidet als gute und böse Geister, als Hexen und Teufel. Trillerpfeifen geben die letzten Kommandos, und los geht es: Wild werden die Trommeln geschlagen, und den Tropenhimmel erhellt ein prächtiges Feuerwerk. Aus 5000 Kehlen tönt ein Schrei der Begeisterung, alle springen auf, und hinein geht es in den Rhythmus ihres Sambas – des Sambas, mit dem sie gewinnen wollen. Die Trommeln ziehen jeden wie magisch in ihren Bann – man kann einfach nicht anders, als ins Farbenspiel der Kostüme einzutauchen und sich dem Rausch von Musik und Bewegung hinzugeben.

An der Copacabana: Die Cariocas, die Einwohner Rios, sind stolz auf ihren weltberühmten Strand.

Durch Brasiliens Mittelwesten

ROUTE 4

Städte, in denen sich der Barock prachtvoll entfalten konnte, Metropolen, die für Modernität und wirtschaftlichen Wohlstand stehen, und ein Naturparadies mit einer unvergleichlich reichen Tierwelt prägen die Reise ins Herz Südamerikas.

Schmucke Städte, stille Weiten

Silberreiher aus dem Flachwasser aufsteigen sehen und die Stimmung des anbrechenden Abends in sich aufnehmen – vom Pantanal, Brasiliens großem Schwemmlandgebiet, geht eine ganz eigene Faszination aus. Der Weg dorthin führt durch eine Gegend, in der ein Künstler von hohem Rang gewirkt hat, und in die Hauptstadt Brasília, deren spröder Charme zugleich irritiert und begeistert.

Von *Rio de Janeiro* Abschied zu nehmen, fällt immer wieder schwer. Auf dem Weg nach Norden führt der Weg ein letztes Mal durch Rios malerisches Bergviertel Santa Teresa, wo Englands legendärer Posträuber Ronald Biggs seine alten Tage verbringt. Am wabenförmig an den Hang gebauten Slum Morro dos Prazeres und am Sambódromo vorbei, dem enormen Betonkomplex für die Karnevalsparade, geht es auf die brodelnd laute Ausfallstraße Avenida Brasil. Links und rechts der Avenida liegen die Favelas, ein Labyrinth von Armen- und Elendsvierteln. Rio hat etwa achthundert solcher Favelas, in denen rund zwei Millionen Menschen leben. Hier, an der Peripherie, herrschen die Banditenmilizen des organisierten Verbrechens, das mit Politik und Wirtschaft eng verzahnt ist. An der Avenida Brasil wohnen Berufskiller, und Jugendliche mit Maschinengewehren wachen darüber, wer sich Zutritt zu den Favelas verschaffen will. Es versteht sich von selbst, daß man hier besser nicht anhält.

In Paratí ist der Weg vom Strand nach Hause nicht weit. Sich dafür extra umzuziehen, wäre des Aufwands zuviel.

In der Minenregion. Später wird es entspannender und grüner. Man fährt vorbei an einer ganzen Reihe von Zuckerhüten aus Granit und weiter durch malerisches Urwaldgebirge in Serpentinen hinauf nach Petrópolis, der einstigen Sommerresidenz von Kaiser Pedro II. (1825–1891). Auch wenn man auf der weiteren Fahrt nicht auf die Schilder achtet, welche die Grenze zwischen den Bundesstaaten Rio de Janeiro und Minas Gerais markieren, wird der Unterschied doch bald offensichtlich: Die Straße hat kaum noch Schlaglöcher, an den Raststätten wird man freundlicher bedient, und alles wirkt ein bißchen sauberer. Bei aller Liebe zu Rio – Minas, wie die Brasilier sagen, hat einfach mehr Klasse. Nicht zufällig gilt die Region als die Wiege der brasilianischen Kultur.
Minas Gerais, was soviel heißt wie »allgemeine Minen«, war im 18. Jahrhundert Schauplatz eines Goldrauschs ohnegleichen und außerordentlich wohlhabend. Den reichen Erzvorkommen fiel dann leider der Wald zum Opfer. Wegen des Holzkohlehungers der Eisenhütten sind davon nur noch klägliche Reste übrig.

»Aleijadinho« und der Barock. In *Congonhas do Campo* baute der deutsche Ingenieur Wilhelm Ludwig von Eschwege zu Beginn des 19. Jahrhunderts Brasiliens ersten Hochofen, der heute unter Denkmalschutz steht. Doch es ist nicht der Stahl, der so viele Reisende nach Congonhas zieht, die Hauptattraktion ist zweifelsohne die Wallfahrtskirche Santuário do Bom Jesus de Matozinhos. Der berühmte Baumeister und Bildhauer Antonio Francisco Lisboa (1730–1814), genannt »Aleijadinho«, kleiner Krüppel, schuf hier seine letzten großartigen Werke. Bereits von Lepra und Rheumatismus

Von der Balustrade der Ingreja Matriz de Santo Antônio aus, der das Städtchen Tiradentes zu Füßen liegt, läßt sich das Land weit überblicken.

Beschützt die Cariocas: Christus auf dem Corcovado.

Vorsicht: Auch handzahme Papageien beißen gern in Finger (oben). – 4 Kilometer lang ist die »Copa«, Rios legendärer Strand an der Avenida Atlântica (unten).

stark beeinträchtigt, dazu fast taub und blind, schnitzte er für die sechs Kreuzwegkapellen 66 lebensgroße Figuren aus Zedernholz, die den Leidensweg Christi darstellen. Für die vor der Kirche stehenden und ebenfalls lebensgroßen zwölf Apostel verwendete er den griffigen, glatten Seifenstein der Region. Die Arbeit wurde ihm zur Tortur. Von Sklaven ließ er sich auf die Gerüste tragen, auch banden sie ihm die Werkzeuge an die verstümmelten Hände. Aleijadinho, uneheliches Kind einer Sklavin und eines Portugiesen, lebte in *Ouro Preto*, der nächsten Station

Etwas weiter südlich und abseits der Hauptroute liegen zwei weitere Städtchen, die für die Barockarchitektur von Minas Gerais typisch sind: *São João del Rei* und *Tiradentes*, ein angenehmer, hübscher Ort, der seit der brasilianischen Unabhängigkeit heißt wie der hier geborene Freiheitskämpfer. In São João del Rei lohnt vor allem, sich die nach Plänen Aleijadinhos erbaute Kirche São Francisco de Assis anzusehen.

Abwechslungsreiche Landschaft, meist allerdings unbewaldet, erstreckt sich bis in das Städtchen *Nova Lima*. Auch hier

An der Lagoa Rodrigo de Freitas, dem großen See inmitten der Stadt, wohnen Rios Wohlhabende (oben). Im Sambódromo können über 100 000 Zuschauer das Karnevalsspektakel der Sambaschulen erleben (unten).

dieser Route, die nicht nur wegen ihrer vielen prächtigen Barockkirchen sehenswert ist. Während des Goldrauschs regierte der Luxus in Ouro Preto, das damals noch »Vila Rica«, reiche Stadt, hieß. Mitte des 18. Jahrhunderts wohnten in Vila Rica annähernd viermal so viele Menschen wie in New York. Hier wurde Musik im Stil des Barock komponiert, und in der kleinen Casa da Ópera, dem ältesten Theater Lateinamerikas, führte man sogar Bachs Matthäuspassion auf. Das Museu da Inconfidência erzählt die Geschichte von Aufstand und Tod in Ouro Preto: Tiradentes, der »Zahnzieher«, dessen richtiger Name José Joaquim da Silva Xavier lautete, war der Kopf einer Verschwörung gegen die portugiesische Kolonialherrschaft. Er wurde verraten und hingerichtet. Tirandentes ging als erster Kämpfer für die Unabhängigkeit des Landes in die Geschichte ein und genießt den Ruf eines Nationalhelden. Nach ihm ist auch Ouro Pretos zentraler Platz benannt.

»Es war ein einziger Taumel sinnlicher Genüsse. Den lauen Wind im Gesicht zu spüren, das Gras unter den Füßen… die feuchten, scharfen, süßen Gerüche einzuatmen und eingehüllt zu sein von einem Chor vertrauter wie fremdartiger Tierlaute.«

Frido Mann, Brasa, 1999

Üppiges Grün in der Chapada dos Guimarães.

Funktionalistisch: das Regierungsviertel der am Reißbrett entstandenen Hauptstadt Brasília.

hat Aleijadinho seine künstlerischen Spuren hinterlassen: Sowohl der Altar als auch die Kanzel der Kirche wurden von ihm geschaffen.

Städte mit modernem Gesicht. Nun zeigen sich die hohen Betonblocks der nicht besonders ansehnlichen, am Reißbrett entworfenen Provinzhauptstadt *Belo Horizonte*, die hier jedermann nur »BH« (gesprochen Bee-Agah) nennt. Bei der Planung orientierten sich die Architekten an der Struktur der Stadt Washington. Im Zentrum sind die Planquadrate von diagonal verlaufenden, breiten Avenidas durchbrochen; man findet sich gut zurecht. Das Klima in der 800 Meter über dem Meeresspiegel liegenden Stadt empfinden Europäer als angenehm, viele ausländische Firmen sind hier präsent. Zwar mag man

Das Pantanal und die Liebe

Sie sind kaum zu übersehen, die Europäerinnen, die zu zweit oder zu dritt das Pantanal durchstreifen. Nicht wenige von ihnen verlieben sich hier, in langen Nächten am Lagerfeuer erliegen sie den Verführungskünsten der jungen, starken, von Indios abstammenden Pantaneiros. »Bei uns zu Hause gibt es kaum noch echte Männer«, so eine Hamburgerin, »hier aber sind sie sehr leidenschaftlich.« Soziale und kulturelle Unterschiede spielen, so scheint es, eine untergeordnete Rolle. Auch fasziniert die Frauen, welchen Schatz an Wissen und Erfahrung über die einzigartige Natur im Pantanal die charmanten Machos besitzen. So manche reitet inzwischen zusammen mit ihrem angetrauten Pantaneiro über die Weiden und will nie mehr zurück ins kalte Europa. Andererseits lebt heute auch so mancher Pantaneiro in Berlin, Zürich oder Wien – an der Seite einer erfolgreichen Anwältin oder Therapeutin.

Die Viehhirten im Pantanal stellen sich auf die Natur ein: Der Fluß wird mit dem Pferd durchquert, und vor der Sonne schützt ein Strohhut.

Futuristisches Brasília: Congresso Nacional (oben), Kathedrale (Mitte) und Palácio do Itamarati (rechts unten).

die Architektur mitunter als häßlich empfinden und das fast völlige Fehlen alter Gebäude bedauern, doch BH hat sehr wohl seinen eigenen Charme. Anfang der neunziger Jahre des letzten Jahrhunderts wurde die Stadt, in der knapp drei Millionen Menschen leben, einmal zur lateinamerikanischen Großstadt mit der höchsten Lebensqualität gekürt.
Auf dem Weg in die Hauptstadt *Brasília* geht es zunächst in den Bundesstaat Goiás hinein, der mitunter mitteleuropäischer Agrarlandschaft verblüffend ähnelt: Hier sind Brasiliens Viehzüchter und Sojabauern zu Hause. Zu den saftigen Weiden, den durch Hecken aufgelockerten Äckern und in der Sonne glitzernden Aluminiumsilos paßt das Erscheinungsbild der Provinzhauptstadt Goiânia, die trotz der Hochhäuser sogar im Zentrum noch sehr grün ist. Zuerst jedoch präsentiert sich die »Stadt der Moderne« dem Besucher. Auf der breiten Avenida, die in sie hineinführt, macht sich gespannte Erwartung breit. Der Grundriß Brasílias ist einem Flugzeug nachempfunden: Am vorderen Ende sind der Präsidentenpalast,

der Kongreß und das Bundesgericht zu finden, es folgen die Esplanade der Ministerien, die Kathedrale, Einkaufszentren, Hotels, Banken und der Fernsehturm, von dem aus man sich den besten Überblick verschaffen kann. Ist das hier noch Brasilien? Nicht zufällig wird der 1960 eingeweihten Stadt der Politiker, Regierungsbeamten und Diplomaten nachgesagt, eine goldener Käfig, eine Insel des Wohllebens und der Korruption zu sein – fernab der immer krasser werdenden sozialen Widersprüche, die das übrige Brasilien prägen. Doch auch hier rücken, ganz anders als geplant, die rasch wachsenden Satellitenstädte der ehemaligen Bauarbeiter, des Hauspersonals und anderer Hilfskräfte immer näher heran. Die Gebäude – die meisten wurden von Brasiliens vielgerühmtem Stararchitekt Oscar Niemeyer entworfen – wirken kühn und originell, trotzdem finden viele Besucher, es genüge ein Tag, um sich Brasília anzusehen.

Einzigartiges Naturerleben. Über Goiânia und Goiás führt die Strecke ins *Pantanal*, Brasiliens exotischste Region. Mit über 200 000 Quadratkilometern ist es das größte und vor allem tierreichste Feuchtgebiet der Erde. Es ist überhaupt nichts Ungewöhnliches, wenn sich in Tümpeln oder Teichen Hunderte von Krokodilen

Ouro Preto: eine hübsche Barockstadt (großes Bild), in der sich Schmuckstücke wie diese mit Kacheln – Azulejos – verzierte Fassade finden (oben).

aufhalten und man auf Riesenschwärme von Störchen und Ibissen trifft – vor allem während der Trockenperiode zwischen Juli und Dezember. In dieser Zeit ist nichts von den gewaltigen Überschwemmungen zu ahnen; die Seen schrumpfen, und für alle Fischfresser ist es ein leichtes, fette Beute zu machen. Kaimane liegen dicht an dicht in der Sonne, den Rachen weit aufgerissen, und lassen sich von Vögeln die Zähne sauberpicken. Dann gleiten sie ins Wasser, um sich die fettesten Fische herauszusuchen.

Es bietet sich an, im Pantanal einige Tage Ferien auf dem Bauernhof zu machen, das heißt: sich in einer der gastfreundlichen Fazendas einzuquartieren, gut zu essen, mit dem Boot auf den unzähligen Wasserarmen dahinzugleiten und herrliche Sonnenuntergänge zu genießen. Daß man rechtzeitig wach wird, dafür sorgen die Vögel mit ihrem unglaublich lauten Morgenspektakel. Auch die großen Brüllaffen machen einen ohrenbetäubenden Lärm, ebenso die Riesenfrösche, von den buntschillernden Schwärmen kreischender Papageien gar nicht zu reden.

Fortsetzung Seite 96

An Bademöglichkeiten herrscht wahrlich kein Mangel im Pantanal (oben), zu dessen artenreicher Fauna auch Reiher und Ameisenbär zählen (Mitte und unten). – Die Ingreja São Francisco de Assis in São João del Rei (links).

Auf der Straße von Cuiabá in die Chapada dos Guimarães.

Nostalgische Sommerfrische in den Bergen

Wenn in Rio de Janeiro im Januar und Februar große Hitze herrscht, finden es auch viele Einheimische in ihrer Stadt unerträglich. Kaiser Dom Pedro II. (1825–1891) fuhr dann früher einfach in die Berge – in seine Sommerresidenz Petrópolis. Heute braucht der Bus eine gute Stunde für die Strecke von Rio in das knapp 70 Kilometer nördlich gelegene Städtchen. Auf serpentinenreicher Strecke geht es an jähen Abgründen entlang durch Felsentunnel und Urwald hinauf auf eine Höhe von 840 Metern. Ein wirklich schönes und angenehm luftiges Plätzchen hat sich der Kaiser da ausgesucht, noch heute kann man, so wie er damals, die schönsten Wege mit der Kutsche abfahren. Gegründet wurde Petrópolis von deutschen Einwanderern, vor allem Bauern ließen sich hier nieder. Aus Deutschland stammte auch der Architekt Julius Köler, der 1843 mit der Errichtung der kaiserlichen Bauten beauftragt wurde. Der Palácio Imperial, der Kaiserpalast, ist heute Museum: Mit Filzpantinen an den Füßen rutschen die Touristen durch die ehemals kaiserlichen Gemächer und bestaunen Interieurs und Kaiserkrone. Rios Geldelite machte es Dom Pedro dann nach, baute in Petrópolis wunderschöne Sommervillen und strömte zu den Hofbällen, die im filigranen Palácio de Cristal, einer aus Frankreich importierten Glas-Eisen-Konstruktion, gegeben wurden. Der Kaiser ging, als 1889 die Republik ausgerufen wurde, ins französische Exil. Seine sterblichen Überreste und die seiner Frau Tereza Cristina wurden 1925 in die gotische Kathedrale von Petrópolis umgebettet.
Aufs engste mit Petrópolis verbunden ist der Name Stefan Zweig. Zweig nahm sich 1942 aus Verzweiflung über den Krieg hier

Im einstigen Sommerrefugium von Kaiser Dom Pedro II. (rundes Bild) sind die europäischen Einflüsse unübersehbar, etwa am Palácio Imperial (Zeichnung von 1873; Mitte, und heute; unten).

das Leben. Im brasilianischen Exil entstand sein Werk »Brasilien – Ein Land der Zukunft«, in dem über Petrópolis zu lesen ist, das »Sommerresidenzchen« mute mit

seinen roten Brückchen und etwas antiquierten Villen ein wenig altväterlich an. Inzwischen gilt diese Charakterisierung nur noch bedingt, mehr und mehr zerhacken Betonklötze die Harmonie, zudem sind an den Hängen Slums entstanden. Auch Brasiliens größter Flugpionier Alberto Santos-Dumont (1873–1932) war eine ganze Weile in dieser Stadt zu Hause. In der Rua do Encanto steht sein Wohnhaus, das zu besichtigen vor allem Leuten mit Sinn fürs Kuriose Freude macht. Der exzentrische Erfinder ließ zum Beispiel die Treppe, die zum Haus führt, so bauen, daß man immer den rechten Fuß zuerst aufsetzen muß – das bringt angeblich Glück …

Idyllisches Petrópolis (großes Bild). – Kirche im Grünen: São Pedro de Alcântara (oben). Stilvoll übernachten kann man im Hotel »Quitandinha« (Mitte). – Schon 1854 verband eine Bahnstrecke Rio mit Petrópolis (unten).

SERTANEJA – DIE COUNTRYMUSIK BRASILIENS

Brasilien – das ist Rio, das ist Karneval – und das ist Samba! Kaum eine Vorstellung hält sich so hartnäckig wie diese. Dabei sind die Brasilianer in Sachen Musik bedeutend vielseitiger. Auf dem Weg ins nordwestliche Hinterland, schon in den Bergen um Petrópolis, nimmt der Einfluß des Samba merklich ab, und es kommt eine große Schwäche für Sertanejas, für ultraromantisch-sinnliche Balladen, zum Vorschein. Derzeit läuft die Sertanejamusik allen anderen Rhythmen und Richtungen den Rang ab. Sie klingt für manche schnulzig und schmachtend und setzt sich ausgesprochen zäh in den Gehörgängen fest. Dominiert wird die Sertanejaszene von Falsettduos, von denen Zeze di Camargo & Luciano die unangefochtenen Megastars sind. Nicht für den heißen Samba schlägt das Herz der Feldarbeiter und Viehhirten, der Goldschürfer und Rauhbeine in Goiás und im Pantanal – sie lieben die schlichte und wunderbar sentimentale Sertanejamusik.

MIMI
PARATY

Das Küstengebirge Serra do Mar bildet die Kulisse für die Ingreja Santa Rita de Cássia im malerischen Paratí.

Von Poconé aus führt die Transpantaneira ins Innere des Pantanal (oben). – Paratís Hafen (Mitte) ist Ausgangspunkt für kleinere und größere Bootstouren zu den zahlreichen vorgelagerten Inselchen und ins nahe Hinterland (unten, rechts und großes Bild).

Die Tore zum Pantanal sind die Städte *Cuiabá* im Norden und *Campo Grande* im Süden, zwischen denen eine direkte Straßenverbindung besteht. Nördlich von Cuiabá begeistern sich vor allem Wanderfreunde am *Parque Nacional Chapada dos Guimarães* mit seinen Tafelbergen, seinen steilen Felsabbrüchen sowie den vielen Quellen und Wasserfällen.
Die etwas abenteuerlichere Variante dieser Route führt von Cuiabá aus mitten ins Panatal, wobei man Campo Grande über *Corumbá* und *Miranda* erreicht. In Corumbá ist die Luft sauber und klar, und das Städtchen strahlt eine angenehme Ruhe aus. Einst war das Pantanal von Indianerstämmen bevölkert, die fast völlig ausgerottet wurden – in einigen Dörfern und am Rand des Fischer- und Viehzüchterstädtchens Miranda leben noch einige ihrer Nachfahren. Der Weg zurück in den Südosten hält ein weiteres Kontrastprogramm auf dieser Route bereit – der Kaf-

Auch das Zentrum von São Paulo ist keine Steinwüste (oben). – Die große Sammlung des Museu de Arte de São Paulo, auch kurz MASP genannt, enthält sowohl westliche als auch brasilianische Kunst (unten).

fee-, Orangen- und Industrieteilstaat São Paulo ist die Wirtschaftslokomotive ganz Lateinamerikas und absolut sehenswert. Hügelige, teils idyllische Landschaften, enorme Viehherden und schicke, hochmoderne Fazendas prägen das Bild.

Im »New York der Tropen«. Multikulturell und chaotisch, energiegeladen und schnellebig ist die Siebzehn-Millionen-Megacity *São Paulo*, die ebenso stimuliert wie schockiert. Wenn – wie es gern heißt – São Paulo das tropische Pendant zu New York ist, dann ist die Avenida Paulista die Wallstreet von São Paulo. In keiner deutschen Stadt sind so viele große deutsche Unternehmen vereint wie in São Paulo, und auch die hochdynamischen Japaner, von denen nirgendwo außerhalb Nippons so viele leben wie hier, machen wirtschaftlich Tempo. Für diese Stadt, ihre Plätze und Parks, ihre Einkaufsstraßen im alten Zentrum und ihr pulsierendes, facettenreiches Nachtleben sollte man sich mindestens eine Woche Zeit nehmen – möglichst noch mehr.

Zurück nach Rio. Zum Ausspannen und Verarbeiten der unglaublich vielen Eindrücke geht es der Küstenstraße entlang nach *Paratí*. Das Kolonialstädtchen ist ein wunderschön gelegenes und denkmalschütztes Kleinod. Viele Künstler haben den nahen Großstädten den Rücken gekehrt und sich hierher zurückgezogen; auch die internationale Prominenz verlustiert sich hier gern. Doch selbst wenn man keiner Berühmtheit begegnet, lohnt ein Aufenthalt in Paratí, bevor es zurück an den Zuckerhut geht.

Die beste Zeit für eine Seilbahnfahrt auf den Pão de Açucar, den Zuckerhut, ist der frühe Vormittag.

Planen und erleben …

Auch für die Kinder ist der Karneval in Paratí ein großes Ereignis.

↓ km	Entfernungen	↑ km
	Rio de Janeiro	4546
	68 km	
68	**Petrópolis**	4478
	345 km	
413	**Ouro Preto**	4133
	60 km	
473	**Belo Horizonte**	4073
	698 km	
1171	**Brasília**	3375
	178 km	
1349	**Goiânia**	3197
	936 km	
2285	**Cuiabá**	2261
	698 km	
2983	**Campo Grande**	1563
	992 km	
3975	**São Paulo**	571
	353 km	
4328	**Paratí**	218
	218 km	
4546	**Rio de Janeiro**	

Ouro Preto: Ob die Taucher in der alten Goldmine noch fündig werden?

Die Highlights

BAROCKSTÄDTCHEN IM HINTERLAND

Ouro Preto, Tiradentes und São João del Rei sind ausgesprochen angenehme Fluchtpunkte für streßgeplagte, ruhebedürftige Reisende – sofern sie außerhalb der Hochsaison und der kirchlichen Feiertage kommen. Dann nämlich, etwa in der Osterwoche, ist das Gedränge wegen der Prozessionen enorm. Ouro Preto, von der UNESCO zum Weltkulturerbe erklärt, ist ein Muß. Ins dörflich wirkende Tiradentes verkehrt vom nahen São João del Rei aus eine entzückende uralte Bimmelbahn (nur an den Wochenenden), die man sich nicht entgehen lassen sollte. Eisenbahnfans sei das Museu Ferroviário in São João del Rei ans Herz gelegt – so viele funktionstüchtige alte Dampfloks soll es auf der ganzen Welt nur noch hier geben.

Die Ingreja Nosso Senhor de Bonfim in der Goldgräberstadt Pirenópolis.

Das Dach der Kathedrale in Brasília erinnert an die Dornenkrone.

BRASÍLIA

Die Frage, ob mit der im Hinterland künstlich aus dem Boden gestampften Hauptstadt wirklich der große Wurf gelungen ist, stellt sich immer wieder. Viele Brasilianer haben da ihre Zweifel, sehenswert ist die von der Architektenelite hochgelobte »Stadt der Moderne« aber auf jeden Fall. Mehr als einen Tag braucht man zur Besichtigung des Regierungsviertels, der Kathedrale und ein, zwei Shopping-Centers jedoch nicht einzuplanen.

PANTANAL

Das womöglich letzte große Naturparadies der Erde ermöglicht allen wirklich Interessierten einen unbeschreiblich intensiven Kontakt mit der Wildnis und hinterläßt fast zwangsläufig tiefe Eindrücke. So viele Tiere lassen sich nirgendwo sonst im Land so ausgiebig beobachten – seien es Alligatoren, Wasserschweine oder die vielen Vögel. Mit dem Auto kann man die Region problemlos durchfahren. Auch auf die Feldwege der Fischer und Viehzüchter sollte man sich wagen und einfach immer dort anhalten, wo Flora oder Fauna gerade besonders faszinierend sind. Inzwischen werden auch in Deutschland schon »Fazenda-Ferien« im Pantanal angeboten. Besonders empfehlenswert ist die ökologisch orientierte Fazenda Caiman, drei Autostunden von Campo Grande entfernt. Vor Ort vermitteln spezialisierte Reisebüros Mehrtagestouren samt Übernachtungen für fast jeden Geldbeutel.

Eng aneinander schmiegen sich die Häuschen in São João del Rei.

SÃO PAULO

Lateinamerikas Wirtschaftslokomotive und Kulturmetropole kommt merkwürdigerweise in Europa nicht aus dem Stadium eines Geheimtips heraus. Es stimmt – die Megacity ist eine Betonwüste von absurden Ausmaßen und einer gräßlichen Peripherie. Durch São Paulos

Straßen bewegen sich riesige Menschenmassen, sei es zu Fuß, sei es motorisiert, und man meint immer wieder, darin schier unterzugehen. Gleichzeitig strahlt diese Stadt aber auch eine unvergleichliche Lebendigkeit aus. Es ist eine Nonstop-Show, was sich tagsüber und an den warmen Sommerabenden auf der Praça da Sé vor der Kathedrale, der Praça da República und den Fußgängerzonen ringsum abspielt: Wunderheiler, Wahrsager, Zauberer, handlesende alte Frauen, Transvestiten, Akkordeonspieler, Prediger, Straßenkomödianten, Liebespaare – sie alle zusammen zelebrieren pralles paulistanisches Leben. Über vierzig Museen, mehr als sechzig Theater, unüberschaubar viele Ausstellungen, Amüsiermöglichkeiten en masse in Ballhäusern und Diskos und fast jeden Tag mehrere Gratiskonzerte hat diese Stadt zu bieten.

Über den Aqueduto da Carioca fährt Rios alte Straßenbahn.

Auch kann man nirgendwo im Land besser und vielfältiger essen – die Cantinas der italienischen Einwanderer beispielsweise seien, so heißt es, viel besser als die in Italien.

Tips für unterwegs

Auf dieser Reise braucht man selbst im Sommer gelegentlich warme Sachen – nachts kann es in Minas Gerais nämlich empfindlich kühl werden. Im brasilianischen Winter (unseren Sommermonaten) fallen die Temperaturen manchmal bis unter den Gefrierpunkt. Im Pantanal ist ein wirksamer Moskitoschutz unerläßlich, man kann sich vor Ort damit eindecken. Nicht alle Tiere haben sich an die Eindringlinge aus der Zivilisation gewöhnt – Jaguar, Ameisenbär und Gürteltier halten Abstand zu den Menschen, man muß sich anpirschen und braucht ein gutes Fernglas sowie ein Teleobjektiv für die Kamera. Die Kleidung sollte zweckmäßigerweise aus festem, widerstandsfähigem Stoff bestehen, auch sind wasserdichte Stiefel anzuraten. Selbst in den Grünzonen der Städte im Pantanal können Giftschlangen vorkommen, in morastigen Gebieten muß man sich ohnehin vor ihnen in acht nehmen. Weil Piranhas stehende Gewässer bevorzugen, sollte man im Pantanal vom Boot aus die Hand besser nicht ins Wasser halten.

Golden erstrahlt das Hilton-Hotel im nächtlichen São Paulo.

Eine ungemein praktische Kopfbedeckung sind die Strohhüte der Einheimischen.
In São Paulo sind die Slums unbedingt zu meiden, das gilt vor allem für die Abendstunden. Am besten bleiben – wie in Rio de Janeiro und in Salvador – Wertgegenstände wie Kameras und Schmuck im Hotel.
Unterwegs bestehen gute Möglichkeiten zum Campen. Es gibt in Brasilien einen sehr nützlichen Campingführer, der jährlich aktualisiert wird.

In voller Pracht beim Karneval.

SOUVENIRS

In Minas Gerais findet man den schönen, griffigen Seifenstein, aus dem vielerlei gearbeitet wird. In den Barock-Städtchen kann man Tiere, Sonnenuhren und andere Dinge aus Speckstein an Straßenständen erstehen. Weil in der Gegend Zinn gefördert wird, gibt es zudem viel Kunstgewerbliches aus diesem Material. An den Wochenenden stellen auf der Praça da República in São Paulo Maler ihre Bilder aus und verkaufen sie zu sehr günstigen Preisen – darunter auch kleinformatige, die gut zu transportieren sind.

Schwindelfrei auf dem Zuckerhut.

Aus Sibirien in die Tropen

Wenige waren es nicht, die ihre Koffer packten und ihre Heimat in Richtung Brasilien verließen, als 1991 die Sowjetunion zusammenbrach. Bedeutend mehr Menschen, zumeist orthodoxe Russen und Ukrainer, hatten sich schon nach der Revolution von 1917 für die Emigration entschieden und waren auf zum Teil abenteuerlichen Wegen über China oder die USA nach Brasilien gelangt. Viele zogen tief ins Hinterland und bauten sich mit Erfolg eine Existenz in der Landwirtschaft auf. Im rückständigen Bundesstaat Acre im Amazonasgebiet erwirtschaften russische Fazendeiros heute so gute Erträge, daß das Landwirtschaftsministerium von einer Agrarrevolution spricht. Die Ukrainer ließen sich weiter im Süden nieder, wo über 350000 von ihnen leben. Emigranten aus dem fernen Sibirien sind in Primavera do Leste auf der Route von Brasilia ins Pantanal zu finden. Auch sie betreiben Landwirtschaft, unterscheiden sich jedoch sehr von ihren einstigen Landsleuten: Sie leben und kleiden sich wie Figuren in den Romanen von Dostojewski und Tolstoi.

Symbole von Unabhängigkeit und Nationalstolz: Gauchos mit der blau-weißen argentinischen Fahne.

Durch den argentinischen Norden

ROUTE 5

Von den kargen Kakteenwüsten im Andenhochland zu den üppigen Wäldern des Zweistromlands: Die Route von Buenos Aires durch den Norden des Landes hält immer wieder reizvolle Überraschungen bereit. Vor allem die imposanten Iguazú-Fälle sind der unbestrittene Höhepunkt dieser Reise.

Route 5

Zwischen Weltstadt und Pampa

Generationen von Einwanderern aus der Alten Welt haben das Gesicht der Städte in Lateinamerika geprägt. So wurde Buenos Aires einst das Paris Südamerikas genannt, und es gibt wohl kaum jemanden, den das europäische Flair der Stadt am Río de la Plata nicht bezaubern würde. Doch auch die Kolonialstädte im Hinterland bestechen durch ihre ganz eigene Schönheit.

Rush-hour am Obelisk, dem Wahrzeichen der Millionenmetropole *Buenos Aires*: Auf dem Boulevard 9 de Julio tost der Verkehr. Alles ist in Bewegung, in Unruhe, scheint außer Rand und Band geraten zu sein. Das überwältigende Tempo der argentinischen Hauptstadt zieht jeden Besucher ganz unweigerlich in seinen Bann.

Im Wandel der Zeit: Heute sind auch Frauen bei den großen Gaucho-Festen, die an nationalen oder kirchlichen Feiertagen veranstaltet werden, als Reiterinnen mit von der Partie.

Doch der lärmende Mahlstrom ist nur ein Teil des Bildes. Das moderne Buenos Aires gibt sich ebenso elegant, verführerisch und charmant, stets umweht von einem Hauch von Nostalgie. Von dem spanischen Konquistador Pedro de Mendoza (1487–1537) 1536 gegründet, steckt die Hafenstadt am Río de la Plata mit ihren über zehn Millionen Menschen heute voller Widersprüchlichkeiten, die hinter ihrer europäischen Fassade eine sensible südamerikanische Seele verbirgt.

Wer die grünbewachsene Plaza San Martín an der Avenida Libertador überquert, blickt auf eine imposante Hochhauskulisse aus Stahl und Glas: der spiegelnde Daimler-Rundturm, die Torre Fortabat – stolze Embleme des argentinischen Aktienmarktes. Doch wer nur wenige hundert Meter weitergeht, taucht am großbürgerlichen Prachtboulevard der Avenida de Mayo hinter den gläsernen Schwingtüren des legendären »Café Tortoni« schon in eine andere, eher zeitlose Welt: ein Kaffeehaus im Wiener Jugendstil. Unter Art-Nouveau-Kuppeln, vor weinroten Samtvorhängen lassen graumelierte Ober, klassisch elegant in schwarzer Hose, grauer Weste, weißem Oberhemd und schwarzer Fliege, das »gute alte Buenos Aires« fortleben, als Schriftsteller und Intellektuelle wie José Ortega y Gasset (1883–1955) und Federico García Lorca (1898–1936) hier verkehrten.

Stadt der Einwanderer. Kunterbunt gestrichen in Rot, Blau, Gelb und Grün leuchten die windschiefen Wellblechhäuser entlang des Caminito im Hafenviertel von La Boca. Hier hatten sich die ersten italienischen Einwanderer aus Schiffswracks ihre spartanischen Hütten als neue Heimstatt in Übersee gezimmert. In La Boca, dort wo Buenos Aires in Baracken aus Ziegelstein übergeht und rostige Schiffsskelette im öligen Wasser des Hafenbeckens dümpeln, weitab jedenfalls von der betriebsamen Hektik des Zentrums, ist die Vergangenheit der Stadt noch zu riechen und zu schmecken.

Daß Buenos Aires sich in nur einem Jahrhundert zur Weltstadt aufgeschwungen hat, verdankt die Metropole ihrem fruchtbaren Hinterland – der Pampa. Buenos Aires florierte nach 1870 durch den Export von Rindfleisch und Schafswolle, dem »weißen Gold« Argentiniens. In der Hoffnung auf eine bessere Zukunft gingen in wenigen Jahrzehnten über sechs Millionen Menschen an den Río de la Plata: Spanier und Italiener, aber auch Franzosen, Russen und Deutsche kamen nach Buenos

Der Kandelaberkaktus ist ein genügsamer Bewohner der argentinischen Wüstenregionen.

Rot leuchten die bizarr geformten Felsen der Quebrada de las Conchas, einer eindrucksvollen Schlucht im Nordwesten Argentiniens.

In den Grillrestaurants von Buenos Aires werden die besten Steaks des ganzen Landes serviert.

Aires, um sich in Südamerika einem ungewissen Morgen zu stellen. »Sie bauten ein paar wacklige Ranchos an der Küste«, beschrieb Jorge Luis Borges (1899–1986) die Einwandererwellen aus Europa, »und schliefen von Heimweh geplagt ein«.
Doch die Enkel und Urenkel der Einwanderer haben es sich offenbar in den Kopf gesetzt, der Heimat ihrer Väter den eigenen Triumph in der Neuen Welt zu beweisen. Die nationale Eitelkeit der Porteños, der Bewohner der Hafenstadt, läßt sich auf eine kurze Formel bringen: Argentinien, das ist Buenos Aires! Und Buenos Aires – darin sind sich alle Porteños einig – kennt auf der Welt keinen Vergleich!

Der Tangorhythmus liegt den Porteños im Blut: Sogar auf der Straße wird getanzt.

»Buenos Aires ... ist dieser Fetzen einer gepfiffenen Milonga, die wir nicht erkennen und die uns berührt, es ist das was sich verloren hat und das, was sein wird, es ist das Fernliegende, das Fremde, das Abseitige, der Stadtteil, der nicht der deine ist noch der meine, das was wir nicht kennen und doch lieben.«

Jorge Luis Borges, Buenos Aires, 1980

Estancias in der Pampa

Anfang dieses Jahrhunderts zählten sie zu den reichsten Männern der Welt – die Estancieros der argentinischen Pampa. Auf ihren riesigen Landgütern, den Estancias, zelebrierten sie in ihren prunkvollen Herrenhäusern mitten in der einsamen Weite des fruchtbaren Hinterlandes von Buenos Aires einen aufwendigen Lebensstil. »El patrón« besaß einen Zweitwohnsitz in Paris und residierte nur im Sommer auf seinem Gut, denn Argentinien war bis 1910 dank seiner unermeßlichen Fleisch- und Wollexporte eine der zehn reichsten Nationen der Erde. Heute bieten über hundert Estancias dem Reisenden exklusive Ferien in historischen Gemäuern. Ausritte hoch zu Roß gehören zum besonderen Reiz eines Urlaubs auf der Estancia. Ganz im Trend der Zeit haben die Estancieros der Gegenwart in den großzügigen alten Parkanlagen Swimmingpools gebaut – und Golfplätze angelegt.

Tatsächlich beeindruckt der verschwenderische Luxus ganzer Stadtviertel im Stil der Belle Époque jeden Besucher. Das Teatro Colón zum Beispiel: Ausgestattet mit Parkett aus Nußbaumholz und Marmor aus Carrara, trumpft das Opernhaus am La Plata pompöser auf als die Mailänder Scala. Eine Ballett-Premiere zu Tschaikowskys »Schwanensee« ist willkommener Anlaß für die Damen des argentinischen Geldadels, ihre glitzernden Juwelen und teuren Nerzmäntel spazierenzuführen. Die Metropolis am Atlantik setzt sich heute wie gestern sehr selbstbewußt und mit Grandezza in Szene.

Schlaflos in Buenos Aires. Die eigentliche Stunde von Buenos Aires ist die Nacht. Tausende von Menschen flanieren im Widerschein der Großstadtlichter über die Vergnügungsstraßen Lavalle, Florida und Corrientes. Cafés, Kinos und Restaurants füllen sich erst am späten Abend mit Menschen. Im »La Estancia«, dem vielleicht besten Steakhaus der Stadt, rösten riesige Rinderhälften an Eisenspießen vor dem offenen Feuer. Der opulente Genuß des saftigen Fleisches findet mit den schweren Rotweinen aus der renommierten Weinanbauprovinz Mendoza am Fuß der Anden seine Vollendung.
Oft erst nach Mitternacht geht man noch ins Kino. Und anschließend zum Tanzen, zum Beispiel ins »Infierno« von Belgrano,

Beim sonntäglichen Würfelspiel im Park.

wo sich schrill gekleidete Nachtschwärmer bis zum Sonnenaufgang amüsieren. Am Nachmittag schlendert man durch die Pflastersteingassen von San Telmo. Auf der Plaza Dorrego, im Schatten einer Akazie, sitzen die Alten und spielen Domino oder Karten. Der Antiquitäten-Flohmarkt bietet ein reiches Sortiment argentinischen Kunsthandwerks, Souvenirs aus dem Buenos Aires vergangener Tage.

Der Río Paraná, in seinem Unterlauf bis 4 Kilometer breit, ist die Lebensader Argentiniens.

Abends ist San Telmo beliebt als Schauplatz avantgardistischer Theater sowie nostalgischer Tango-Lokale. Aus der »Bar Sur« klingt Carlos Gardels unsterblicher Tango »Volver« – Heimkehr. Als Meister der Traurigkeit war der Sänger in den 1930er Jahren weltberühmt.

Plausch vor dem Kongreßpalast in Buenos Aires.

Im Wandel der Zeiten. Die meisten Porteños strahlen eine unbändige, neue Lebensfreude aus. Die Hyperinflation der 1970er Jahre und auch die düstere Resignation der Diktatur scheinen überwunden. Ein Einkaufszentrum im amerikanischen XXL-Format steht heute dort, wo während der Herrschaft der Generäle Folterkammern waren.

Von einer neuen Leichtigkeit des Seins zeugt auch die prunkvolle Eleganz des Hafendocks Puerto Madero mit drei Dutzend edlen Restaurants, Eisdielen und Pizzerien. Buenos Aires hat seine historischen Hafenspeicher von Grund auf renoviert. Ohne Zweifel: Die Metropole entwickelt sich im Puls der Moderne.

Die meisten der 450000 Indígenas Argentiniens leben in den Provinzen im Nordwesten; so auch dieses junge Mädchen im Festtagsputz.

ROUTE 5

Das karge Andenhochland, die Puna, ist Heimat von Kondor (oben), Lama (unten) und Kandelaberkaktus (großes Bild).

Über viele tausend Kilometer führt die Ruta Nacional 40 entlang der Andenkette von der bolivianischen Grenze bis nach Feuerland. Oft ist die Straße nicht mehr als eine abenteuerliche Schotterpiste.

Zuckeroase in der Wüste. Mit dem Flugzeug gelangt man in kürzester Zeit in die grandiose Wüstenlandschaft des argentinischen Nordwestens. Die Region an der Grenze zu Chile und Bolivien ist geprägt von einer phantastisch kargen Ödnis mit Tausenden von Kandelaberkakteen (Cardones) und eindrucksvollen Felsformationen. Tatsächlich offenbart diese Region dem Reisenden bereits den ganzen Reiz der südamerikanischen Anden – Buenos Aires am Pazifik ist eine andere Welt.

Die schöne Kolonialstadt *San Miguel de Tucumán* wurde 1565 gegründet. Lohnenswert ist der Besuch des barocken Regierungsgebäudes und der prächtigen Casa de la Independencia, in der die Abgeordneten der La-Plata-Provinzen am 9. Juli 1816 die nationale Unabhängigkeit Argentiniens proklamierten. Das Museo Arqueológico sowie das Museo Etnográfico geben einen interessanten Einblick in die Geschichte und Kultur des Nordwestens. Tucumán zählt heute etwa eine halbe Million Einwohner und liegt inmitten einer sehr fruchtbaren, nahezu subtropischen Landschaft, in der seit dem 18. Jahrhundert Zuckerrohr angebaut wird.

Steinmagie und Felsenpracht. Von Tucumán aus führt die Reise in die großartige Natur des Nordwestens. Als erster Halt bietet sich das auf 2100 Meter Höhe gelegene *Tafí del Valle* an, im Sommer ein beliebter Ausflugsort. In Serpentinen windet sich die Ruta Provincial 307 hoch hinauf in die Sierra. Fels, ockerfarbene Erde und

auch wenn der Ort nur dreieinhalb Fahrtstunden von Tucumán entfernt liegt. Das Dorf ist berühmt für seine hervorragenden Weine und großen Bodegas.
Weiter schlängelt sich die Schotterpiste durch die 350 Kilometer lange Kette der Hochtäler des Flusses Calchaquí. Hinter San Carlos kreuzt die Straße die archaische Landschaft der *Quebrada de la Flecha*. Der in allen Farben leuchtende Sandsteinfels ist hier zu bizarren Formen erodiert, die im Spiel von Licht und Schatten einen herrlichen Anblick bieten.

Von Kaktuskirchen und Wolkenzügen. *Cachi* heißt das nächste Ziel 175 Kilometer hinter Cafayate: Malerisch schmiegen sich die weißgekalkten Häuser dieses rei-

Töpfermarkt vor der Kathedrale in San Salvador de Jujuy (oben). – Ein stabiler Drahtesel trägt auch mal zwei (unten). – Keine Fiesta ohne Tanz und Musik (links).

Ein Hauch von Gaucho-Romantik: am Lagerfeuer den Tag ausklingen lassen.

Kandelaberkakteen zaubern eine Landschaft wie aus einem Wildwest-Film. Im *Parque de los Menhires* am Stausee El Mollar südlich von Tafí finden sich über hundert aufrecht stehende Steine als stumme Zeugen der Diaguita-Indianer, einer zerstörten prähispanischen Kultur. Der 3040 Meter hohe Paß Abra del Infiernillo lockt als weiterer Abstecher.
Auf der Ruta Nacional 40 führt die Fahrt gen Norden – eine Zeitreise zurück in die spanische Kolonialepoche. In *Cafayate* sollte man eine Übernachtung einplanen, zenden Andendorfes an die rostroten Bergflanken des 6720 Meter hohen Berges Nevado de Cachi. In der Kirche von Cachi haben die Baumeister Kaktusholz verwendet, denn Bäume sind in der trockenen Region rar. Der Altar, die Bänke und selbst das Dach sind aus den Stämmen getrockneter Cardón-Kakteen geschnitzt.
San Antonio de los Cobres war einst die Hauptstadt des Nationalterritoriums Los Andes. Heute macht hier der Tren a las Nubes Station, der »Zug in die Wolken« (siehe Seite 144 f.). Sein Name ist Pro-

gramm: Über 4000 Meter hoch liegen die höchsten Gleisabschnitte dieser nach 1921 erbauten Eisenbahnlinie in die Puna, mit der die Gold-, Silber- und Kupferschätze der Minen in den Hochanden an der chilenischen Grenze erschlossen wurden. Der Schienenstrang überwindet einen Höhenunterschied von 3000 Metern, zweifellos eine der großen Ingenieurleistungen auf dem südamerikanischen Halbkontinent. Reisenden ermöglicht dieser Tagesausflug, die grandiose Landschaft der Hochanden ohne Anstrengung aus dem Zugfenster zu entdecken. Die Fahrt mit dem Tren a las Nubes führt bis zum Viadukt La Polvorilla – einer 63 Meter hohen und 224 Meter langen Brücke aus Stahlträgern auf 4220 Meter Höhe.

Die Schlucht der vielen Farben. Mit *La Quiaca*, dem Grenzort zu Bolivien, ist der nördliche Umkehrpunkt dieser Route erreicht. Landschaftlicher Blickfang auf der Weiterfahrt in Richtung San Salvador de Jujuy ist die *Quebrada de Humahuaca*. Im Ort *Humahuaca* selbst, einem Dorf auf 2940 Meter Höhe mit rund 4000 Einwohnern, versetzen kopfsteingepflasterte Gassen und Häuser aus gebrannten Lehmziegeln (Adobe) den Besucher Jahrhunderte zurück in eine längst vergessene Zeit. Die Ausläufer der Quebrada de Humahuaca kreuzen in der Provinz Jujuy – zwischen Tilcara und Humahuaca – auf einer Länge von etwa 170 Kilometern den Wendekreis des Steinbocks. Die Felsen dieser phantastischen Bergwelt färben sich in allen nur erdenklichen Rottönen. Eine der beliebtesten Attraktionen der Quebrada ist das Farbenspiel des Cerro de los Siete Colores, des Hügels der Sieben Farben.

San Salvador de Jujuy geizt als ruhige Provinzhauptstadt mit Reizen. Einziger Glanzpunkt: Die Kathedrale an der Plaza Belgrano wurde 1763 erbaut; ihre Barockkanzel aus dem 18. Jahrhundert ist komplett vergoldet. Schöner liegt 20 Kilometer vor Jujuy das Hotel »Termas de los Reyes«: Heiße Quellen sprudeln direkt in die Becken des alten, imposanten Hotels mit fünfzig Zimmern, dessen Thermalbäder auch Tagesgästen offenstehen. Das bis zu 58 Grad heiße Heilwasser entgiftet den Körper und lockert alle Verspannun-

Faszinierende Felslandschaften, weite Salzebenen und bizarr geformte Steinwüsten locken viele Reisende in die Provinz Salta (oben). – Ein einfaches Lehmhaus und ein paar Lamas sind meist der einzige Besitz der Hochland-Indígenas (rechts).

Wie in alter Zeit: Pferdetransport (oben), Kind im traditionellen Tragetuch (darunter). Auf Straßenmärkten (links) und in den Gassen bieten Indígenas ihre Waren an (links unten). – Die Puna bietet karge Steppen und beeindruckende Schluchten wie die Quebrada de las Conchas (unten).

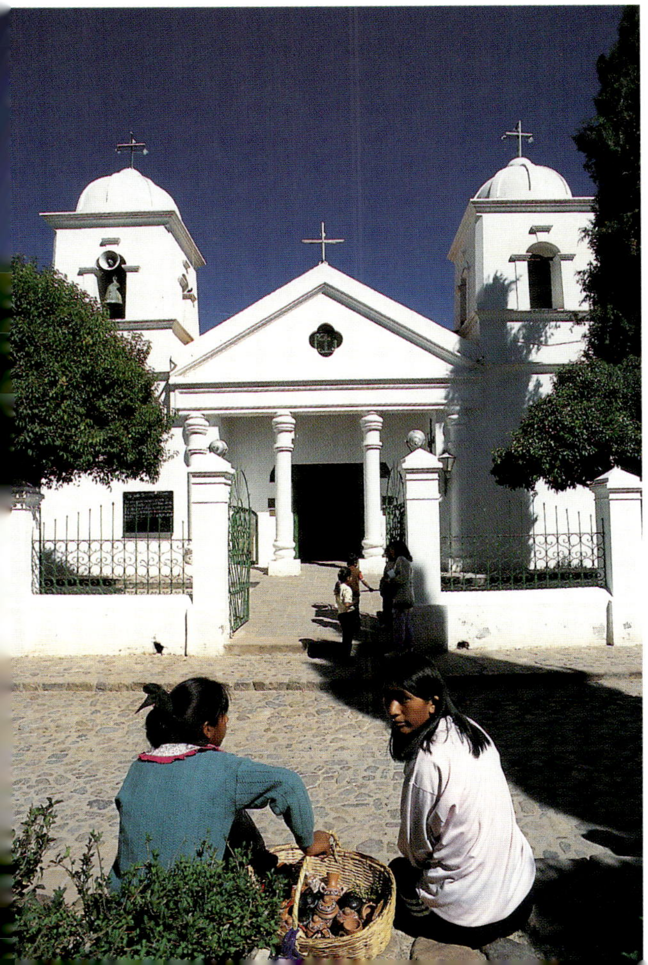

gen, die sich beim stundenlangen Fahren auf den kurvenreichen Straßen der Anden eingestellt haben mögen.

Salta – die Schöne. Salta gehört zu den zauberhaftesten Kolonialstädten Argentiniens. »La linda« – die Schöne – nennen die Salteños ihre Provinzhauptstadt. Zu Recht: Die prächtigen Kolonialbauten erinnern an eine Zeit, als Salta der südliche Vorposten des spanischen Vizekönigreichs von Peru war. Das älteste Gebäude der charmanten Stadt ist das Cabildo, das Rathaus aus dem Jahr 1783 mit dem historischen Museum an der zentralen, arkadengesäumten Plaza 9 de Julio. Salta spielte eine entscheidende Rolle im Kampf um Argentiniens Souveränität. Noch heute, an jedem 17. Juni, leben der Lokalpatriotismus und Stolz der Salteños wieder auf, wenn Hunderte von Gauchos in leuchtend roten Ponchos mit einer Parade den Todestag des Freiheitshelden General Martín Miguel de Güemes feiern.

Fortsetzung Seite 114

Das Wasserwunder im Regenwald

Als Eleanor Roosevelt das überwältigende Naturspektakel zum ersten Mal zu Gesicht bekam, konstatierte sie lakonisch: »Poor Niagara« – arme Niagarafälle! Die Iguazú-Fälle am Drei-Länder-Eck von Argentinien, Brasilien und Paraguay gehören zu den imposantesten Wasserfällen der Welt. Iguazú nannten die Guaraní-Indianer den Ort – große Wasser. Inmitten des tropischen Regenwaldes im argentinischen Norden stürzen sich die Wassermassen in über 250 Kaskaden auf einer Breite von 3 Kilometern und aus 70 Meter Höhe über einen vulkanischen Basaltsockel in die Tiefe. Über 1700 Kubikmeter Wasser donnern im Durchschnitt pro Sekunde über den Felsen.

Die Wasserfälle sind über mehrere Routen zugänglich. Auf der argentinischen Seite bietet der untere Rundgang am Fuß der Wasserfälle eine herrliche Wegstrecke. Die Wanderung führt knapp einen Kilometer durch den Dschungel. Der Besucher wird eingehüllt in Nebelschleier aus Sprühwasser, in denen Regenbogen schimmern. Mit dem Schnellboot läßt sich ein Ausflug zur Insel San Martín unternehmen, eine Tour, die mitten in das fallende Wasser hineinführt. Von Puerto Canoas kommt man auch mit dem Schlauchboot bis sehr nahe an den Wasservorhang heran – nichts für Wasserscheue!

Teufelsrachen – Garganta del Diablo – heißt ein nächster landschaftlicher Höhepunkt der Wasserfälle von Iguazú. Über eine Brücke gelangt man von Puerto Canoas zu diesem canyonartigen Wasserfall, an dem man vor allem im Abendlicht einen grandiosen Blick über das Naturwunder Iguazú hat.

Die Wasserfälle von Iguazú – ein großartiges Schauspiel. Ein feuchtes Vergnügen ist die Besichtigung des Garganta del Diablo (Mitte), den man auch per Boot erreichen kann (rundes Bild).

Im brasilianischen Teil des Nationalparks Iguazú kann sich der Besucher bis auf wenige Meter an die herabstürzende Wasserwand heranwagen. Eine weitere Attraktion auf der brasilianischen Seite sind Helikopterflüge, die dem Reisenden ein zusätzliches Panorama aus der Vogelperspektive bieten. Über fünf Millionen Touristen reisen alljährlich zu den Wasserfällen; die Cataratas de Iguazú sind das meistbesuchte Naturschauspiel Südamerikas. Zwei Hotels bieten als einzige Herbergen unmittelbar an den Wasserfällen eine Aussicht in der ersten Reihe. Es lohnt sich, eine Nacht im Hotel »Internacional de Iguazú« auf argentinischer Seite zu verbringen, am besten in einem Zimmer mit Blick auf die Wasserfälle. Der Reiseveranstalter im Hotel bietet ein halbes Dutzend verschiedener Ausflüge zu den Wasserfällen und in den Nationalpark Iguazú an. Eine weitere Nacht läßt sich auf der brasilianischen Seite im »Hotel das Cataratas« einplanen.
Die Cataratas de Iguazú befinden sich zwar größtenteils auf der argentinischen Seite, doch für eine Panorama-Ansicht muß der Besucher auf die brasilianische Seite wechseln, wo eine geringe Gebühr fällig wird. »Argentinien zeigt die Show«, lautet der schadenfrohe Kommentar der Einheimischen vor Ort, »und Brasilien kassiert den Eintritt!«.

Der Río Paraná, der hier träge durch den Regenwald fließt (oben), ist 20 Kilometer nach den gewaltigen Wasserfällen das Endziel des Río Iguazú. In der üppigen Vegetation wartet eine Schar Geier auf leichte Beute (unten).

Ausflüge rund um den Wasserfall

Etwas nördlich der Wasserfälle von Iguazú liegt das größte Wasserkraftwerk der Welt – Itaipu. Brasilien und Paraguay haben das Kraftwerk, das seit 1983 in Betrieb ist, gemeinsam gebaut. Der Fluß Paraná wird an dieser Stelle aufgestaut, je nach Strombedarf schießen riesige Mengen Wasser durch die Stautore. Für den Grenzübertritt nach Brasilien und Paraguay benötigen Deutsche nur den Reisepaß. Die paraguayische Grenzstadt Ciudad del Este, die als Schmuggler-Hochburg gilt, bietet in ihren Straßen ein Sammelsurium gefälschter Markenartikel – von der »Rolex« bis zu »Dike«. Ob französische Parfüms, Schweizer Uhren oder japanische Elektroartikel, alles ist als Raubkopie und billiges Imitat auf dem Basar erhältlich.

Lange Staubfahnen begleiten die Autos, die auf den einsamen Schotterpisten nördlich von Salta unterwegs sind.

ROUTE 5

So entsteht der hübsche bunte Schmuck der Indígenas (oben). Längst hat der Urwald die Überreste der Missionsstation von Santa Ana zurückerobert (unten). Zahlreiche Haupt- und Nebenarme teilen das Delta des Río Paraná (großes Bild und rechts), der bei Buenos Aires (im Hintergrund) in den Río de la Plata fließt.

Im Zweistromland. Wer dann mit dem Auto nach Resistencia weiterfährt, kreuzt zunächst den Gran Chaco, der bis weit nach Paraguay hineinreicht. Das Tiefland ist flach und so dünn besiedelt wie Patagonien, aber regenreich und heiß.
Dieses tropische bis subtropische Klima setzt sich im argentinischen Zweistromland fort: »Entre Ríos« – zwischen den Flüssen – wird die wasserreiche Region im Nordosten Argentiniens zwischen dem Río Paraná und dem Río Uruguay genannt.

Die Städte *Resistencia* im tiefergelegenen Sumpfland und *Corrientes* am hochgelegenen Ostufer des Paraná sind durch eine kilometerlange Brücke miteinander verbunden. Corrientes ist vor allem zur Karnevalszeit sehenswert, wenn Flöße auf dem Paraná schippern, kostümierte Musikgruppen Samba-Rhythmen trommeln und die ausgelassene Lebensfreude Brasiliens in den Gassen der argentinischen Provinzstadt schwingt.

Missionarische Vergangenheit. Mit *Posadas* erreicht man die Provinzhauptstadt von Misiones. Das charakteristische Rot der Erde kontrastiert mit dem satten

Grün der tropischen Vegetation. Anfang des 17. Jahrhunderts siedelte sich der Jesuitenorden im Norden Argentiniens an und missionierte die heimischen Guaraní-Indianer. Die »Gesellschaft Jesu«, gegründet von Ignatius von Loyola (1491–1556), setzte sich für ein friedliches Gemeinschaftsleben mit den Ureinwohnern ein, bis sie von der spanischen Krone vertrieben wurden. Etwa ein Dutzend Ruinen ihrer Klöster sind in der Provinz Misiones erhalten. Abseits der Ruta 12, auf dem Weg nach Puerto Iguazú, stehen mitten im Wald die Ruinen der Reduktion *San Ignacio Miní*, eine einst von den Missionaren geleitete Siedlung. Nur die Sandsteinfassaden der Kathedrale und ein Kreuzgang haben die Plünderungen spanischer Soldaten und Sklaventreiber überdauert. San Ignacio Miní war eine der größten Reduktionen der Jesuiten im Drei-Länder-Eck Argentinien, Brasilien und Paraguay. Den Guaraní im Nordosten Argentiniens geht es heute schlechter als vor 250 Jahren.

Das Große Wasser. Hinter Puerto Iguazú erwartet den Reisenden eines der grandiosesten Naturschauspiele ganz Südamerikas – die *Wasserfälle von Iguazú* (siehe Seite 110 f.). Vor der Kulisse des grünen Regenwaldes stürzen sich die Wassermassen des Flusses Iguazú mit Urgewalt über mehrere Felsterrassen donnernd und weißgischtend 70 Meter in die Tiefe. »Großes Wasser« nannten die Guaraní-Indianer diesen ohne Zweifel spektakulärsten Wasserfall der Welt ehrfürchtig.

In der Pampa. Wer von den Iguazú-Fällen nach Buenos Aires zurückkehren will, hat die Wahl: Für Reisende mit einem knappen Zeitbudget empfiehlt sich das Flugzeug. Menschen mit Muße genießen die Autofahrt am Río Paraná entlang. *Santa Fé*, fast 1000 Kilometer flußabwärts, wurde 1573 von Jesuiten als Missionsstation ins Leben gerufen. Sehenswert ist vor allem die Kirche San Francisco; im angrenzenden Kloster lohnt sich der Besuch des Historischen Museums.

Letzter Zwischenstopp ist *Rosario*, einst die zweitgrößte Stadt des Landes. Rosario florierte vor allem als Getreidehafen: Bis nach dem Zweiten Weltkrieg war das Agrarland Argentinien die Kornkammer der Welt. Große Ozeanfrachter luden im Hafen von Rosario tonnenweise Getreide. Hinter Rosario strömen die Wassermassen des Paraná über 4 Kilometer breit durch flaches Marschland. Keine Hochhäuser, kein Asphalt – nur die Weite der Pampa vor einem fernen Horizont, an dem schließlich das schier endlose Häusermeer der Barrios, der Vororte von Buenos Aires, auftaucht.

Die Ruinen der Jesuiten-Reduktion San Ignacio Miní aus dem 17. Jahrhundert sind die besterhaltenen Argentiniens und wurden von der UNESCO zum Weltkulturerbe erklärt.

Über die koloniale Vergangenheit erfährt man einiges im Cabildo, dem Historischen Museum von Salta (oben). Eine Kapelle auf 3260 Metern markiert die Paßhöhe Piedra de Molino bei Salta (unten).

Planen und erleben ...

Verkäufer mit traditionellen Flöten auf dem Markt von Humahuaca.

↓ km	Entfernungen	↑ 5232
	Buenos Aires	
	(Flugzeug) 1050 km	
1050	**San Miguel de Tucumán**	4182
	820 km	
1870	**La Quiaca**	3362
	225 km	
2095	**Salta**	3137
	864 km	
2959	**Corrientes**	2273
	321 km	
3280	**Posadas**	1952
	239 km	
3519	**Saltos de Iguazú**	1713
	1240 km	
4759	**Santa Fé**	473
	174 km	
4933	**Rosario**	299
	299 km	
5232	**Buenos Aires**	km

Die Highlights

BUENOS AIRES

In Buenos Aires sollte man sein Auto stehen lassen. An den vielen Kreuzungen der Metropole entscheidet meist die Kaltblütigkeit des Fahrers über die Vorfahrt. Und: Autobusse sind aufgrund ihrer Masse grundsätzlich im Recht! Doch mit den Linienbussen lassen sich abwechslungsreiche Stadtrundfahrten planen. Linie 60 zum Beispiel durchquert die Stadt

Prunkarchitektur in der Calle Córdoba in Rosario.

vom Delta des Río de la Plata – Endstation Tigre – bis nach Belgrano. Ebenso zu empfehlen ist die Fahrt im Bus zum farbenfrohen Hafenviertel La Boca. Ein Muß in Buenos Aires: der Besuch einer Aufführung im

Einkaufsbummel in einer schicken Passage in Buenos Aires.

prächtigen Teatro Colón, einem der fünf großen Opernhäuser der Welt. Den Charme der Jahrhundertwende vermittelt das »Café Tortoni« in der Avenida de Mayo 825. Eine schummrige Tango-Bar in San Telmo ist die »Bar Sur« in der Estados Unidos 299. Der Vorort La Recoleta mit seinem sehenswerten Friedhof, die Pferderennbahn in Palermo am Wochenende, ein Spaziergang über die quirlige Avenida 9 de Julio bei Nacht und ein opulentes Abendessen mit saftigen Steaks in »La Estancia« in der Lavalle 941 sind weitere Empfehlungen für einen unvergeßlichen Besuch der Hafenstadt. Wer sich von der Hektik der Millionenmetropole erholen will, unternimmt einen Ausflug nach Tigre und schippert mit einem Boot durch die Kanäle im Flußdelta des Paraná. Fußmarsch zu beschwerlich erscheint, der nimmt die Seilbahn vom Parque San Martín aus. Ein beliebter Szenetreff ist die Bar »Time« an der Plaza: Mittags von zwölf bis gegen halb zwei Uhr läßt sich hier kaum ein Platz ergattern. Unbedingt probieren sollte man die saftigen Empanadas, mit Fleisch oder Gemüse gefüllte Teigtaschen. Dazu schmeckt ein Glas Torrentes-Weißwein – gefolgt von der traditionellen Siesta. Erst am späten Nachmittag wird die Stadt wieder lebendig.

CACHI

Vom Andendorf Cachi aus lassen sich mit dem Pferd Ausflüge zu weiteren Indio-Dörfern unternehmen oder Trekking-Touren zu den imposanten Sechstausender-Gipfeln der Anden.

SALTA

Wer Salta von oben sehen und dabei noch einen wunderbaren Panoramablick genießen möchte, sollte auf den Hausberg der Stadt, den Cerro Bernardo, hinaufsteigen. Der Höhenunterschied von 268 Metern ist recht leicht zu meistern. Wem der

ESTEROS DEL IBERÁ

Im tropischen Sumpfland des 13 000 Quadratkilometer großen Naturschutzgebiets südlich der Städte Corrientes und Posadas tummelt sich eine einzigartige Fauna. Hier leben Kaimane, Wasserschweine, Mähnenwölfe, Brüllaffen, Ottern, seltene Hirscharten und über 350 verschiedene Vogelarten. Wer das Naturparadies näher

Auf Passagiere warten diese Boote im Hafen von Tigre.

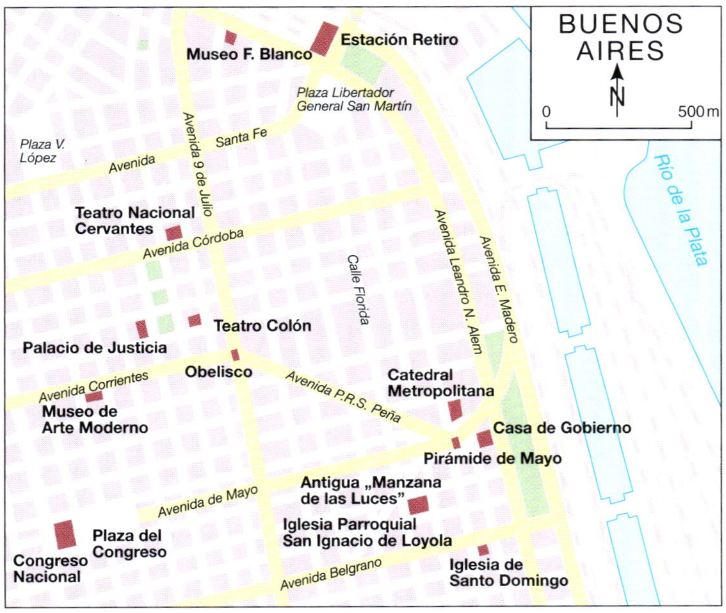

erkunden möchte, kann von Corrientes oder Buenos Aires aus ein- oder mehrtägige geführte Touren buchen.

POSADAS

Zur Naturkunde-Abteilung des Museo de Ciencias Naturales e Historias in der Calle San Luis gehören ein Vogelhaus, ein Aquarium und ein ausgezeichnetes Schlangenhaus. Im Juli kann man allmorgendlich um 10 Uhr zusehen, wie das Schlangengift aus den Giftzähnen der Tiere gewonnen wird.

GOYA

Einen Eindruck von der weitverzweigten Wasserwelt im argentinischen Zweistromland bietet ein Ausflug mit dem Boot von

Genügsamer Riese: Auch auf dem über 3000 Meter hohen Paso Infiernillo gedeihen Kakteen.

Goya aus. Eine regelmäßig verkehrende Fähre setzt den Reisenden in wenigen Stunden nach Reconquista über. Der Bootsausflug führt durch die Wasserläufe des Río Paraná, vorbei an unzähligen Inseln.

ROSARIO

Zu ersten historischen Ehren kam die Stadt am Río Paraná im Jahr 1812, als General Manuel Belgrano erstmals die von ihm entworfene blau-weiße Nationalflagge hissen ließ. An der Stelle des bedeutenden Ereignisses am Ende der Avenida Córdoba steht heute ein gewaltiges Ehrenmal, das wie ein Boot geformte Monumento Nacional a la Bandera. Der Entwurf zu diesem 1957 eingeweihten Denkmal stammt neben anderen von dem bekannten argentinischen Architekten Alejandro Bustillo, der in den 1930er und 1940er Jahren zahlreiche Regierungsgebäude in Buenos Aires schuf. Auch

Eine hübsche Dorfkirche ziert die Kleinstadt Tilcara im Nordwesten.

ein Appartementgebäude in Rosario mit der Adresse »Entre Ríos 480« geht auf Bustillo zurück: Es sollte das erste Zuhause des 1928 geborenen, späteren Revolutionsführers Ernesto »Che« Guevara werden.

Tips für unterwegs

Beim Stopp in den Dörfern im Norden Argentiniens hat man schnell eine Kinderschar vor sich, die den Wagen gegen ein kleines Entgelt waschen will. Das Angebot schlägt man besser freundlich aus, um ihnen ein Trinkgeld nur für das Aufpassen auf den Wagen zu geben. Der feine Staub auf den Straßen wirkt nämlich auf den Lack wie Schleifpapier – eine Wagenwäsche mit Schwamm würde fatale Folgen haben.

Rot-golden leuchtet die Fassade der Kirche San Francisco in Salta.

Die Brücke über den Río Paraná verbindet die Stadt Posadas mit Encarnación.

SOUVENIRS

Reizvolle Souvenirs aus Argentinien sind silberbeschlagene Mate-Kürbisse und Schmuck aus Rodochrosit, einem rosafarbenen Halbedelstein, der typisch für Argentinien ist. Die Boleadoras, die lederumhüllten Wurfkugeln der Gauchos, die wie ein Lasso geschleudert werden sowie flauschige Bettdecken aus Guanaco-Fellen oder Woll-Ponchos sind ebenfalls schöne Reiseerinnerungen.

Schmuckstücke indianischer Volkskunst im Museum von Tilcara.

Chili-Schoten werden zum Trocknen auf den Feldern ausgelegt.

TANGO – DIE UNHEILBARE WEHMUT

»Der Tango ist ein trauriger Gedanke, den man tanzen kann«. So definierte den Tango einst Enrique Santos Discépolo, einer seiner berühmtesten Komponisten und Texter. Schauplatz seiner Entstehung waren die Hafenspelunken und Bordelle des Randviertels La Boca in Buenos Aires gegen Ende des 20. Jahrhunderts. Der temperamentvoll erotische und sexuell aufreizende Tanz gelangte schließlich nach Europa. Vor allem in Paris feierte er große Triumphe und fand über diese Begeisterung seinen Weg in die argentinische Oberschicht.

Es ist Mitternacht in Pompeya, einer Arbeitervorstadt im Süden von Buenos Aires. Eine Nacht, in der Jorge Garcés wie jeden Freitag seine »pena de amigos« zelebriert, den Stammtisch in der Bar »El Chino«, dem wohl letzten seiner Art. Wenn der Meister der Melancholie von gebrochenem Stolz und gescheiterten Illusionen singt, dann nimmt die Nacht kein Ende. Doch der Tango hat noch ein anderes, in Europa wenig bekanntes Gesicht: Er dient auch als Ventil politischen Protestes und der Sozialkritik.

Schneebedeckt grüßen die Gipfel der patagonischen Anden auf der Fahrt nach San Carlos de Bariloche.

Rundreise durch Argentiniens Süden

ROUTE 6

Die eleganten Badeorte am Atlantik und die großartigen Naturschönheiten der Anden stehen in einem faszinierenden Kontrast zur kargen Weite Patagoniens. Die argentinische Atlantikküste wiederum ist ein Paradies für Meeressäugetiere.

ROUTE 6

Im Land der Sehnsucht

Selten hat ein Land ob seiner Melancholie und Einsamkeit Reisende mehr beeindruckt als das ewig kalte, vom Wind zerzauste Patagonien. Mit ihrer strengen Schönheit scheint die ferne Wüstenei im Süden Argentiniens wie ein Relikt aus längst vergessener Zeit, das so manchen Weltenbummler den Traum vom großen Abenteuer und unendlicher Freiheit träumen läßt.

Unterwegs auf den einsamsten Straßen der Welt: Wer Patagonien bereist, fährt oft stundenlang auf staubigen Schotterpisten, ohne einer Menschenseele zu begegnen.

Durch grünes Weideland führt die Ruta 2 von Buenos Aires nach Mar del Plata am Atlantik. Die »pampa húmeda« – die feuchte Pampa – ist die Heimat der argentinischen Rinderherden, mit deren Fleisch das Land seine Devisen verdient. In Dolores zweigt eine Straße Richtung Osten zur Ruta Provincial 11 ab, welche die Ruta 2 mit einigen der schönsten Küstenabschnitte am Atlantik verbindet. Auf dem Weg zu den Badeorten finden sich einsame Strände und unberührte Dünenlandschaften. Das elegante Seebad *Pinamar*, 120 Kilometer nördlich von Mar del Plata, wurde vor fünfzig Jahren als exklusive Ferienanlage für betuchte Gäste geplant.

Schätze am Silbermeer. *Mar del Plata* (Silbermeer) ist bei den Capitalinos, den Hauptstädtern, als Sommerfrische beliebt. In den zwanziger Jahren war Mar del Plata, das von seinen Einwohnern stolz »la perla del Atlántico« genannt wird, Treffpunkt der oberen Zehntausend von Buenos Aires. Ein Spielkasino, Golfplätze und die First-Class-Hotels zeugen heute noch von der Belle Époque an der argentinischen Atlantikküste.
Südlich von Mar del Plata führt die Route am oberen Klippenrand der Steilküste entlang; herrliche Blicke über das Meer tun sich auf. Miramar, Mar del Sur und Costa Bonita heißen die wenigen, ruhigen Badeorte mit Sandstränden vor Necochea.

Entlang der Atlantikküste ans Ende der Welt. Die Küstenstädte der Pampa bieten nur wenige touristische Attraktionen. *Bahía Blanca* zum Beispiel: In der Industriestadt mit ihren 300000 Einwohnern regiert der Arbeitsalltag, der durch die Ölraffinerien geprägt ist.
Carmen de Patagones, die Hafenstadt gut 150 Kilometer südlich der Mündung des Río Colorado, wurde von den Spaniern 1779 als erste befestigte Siedlung Patagoniens gegründet. Die »Torre del Fuerte« an der Plaza – zuerst Wachturm, dann Glockenturm der ersten Kirche – dokumentiert die koloniale Vergangenheit des Städtchens an der Mündung des Río Negro. Zwei Brücken führen von Carmen de Patagones nach *Viedma*, der Hauptstadt der patagonischen Provinz Río Negro.

Patagonien – jenseits von Raum und Zeit. »Von meinem ersten Besuch an besaß diese südliche Erde, so karg und melancholisch, hohen Reiz für mich«, schrieb der argentinische Naturforscher Francisco Moreno im vergangenen Jahrhundert über Patagonien. Seitdem Entdecker wie Magellan, Fitzroy, Gamboa und Freibeuter wie Drake ihren Fuß auf die patagonische Meseta gesetzt haben, hat diese Landschaft am Rand der Welt kaum einen Reisenden unberührt gelassen. Auch Charles Darwin war als junger Forscher fasziniert von dem wilden Land-

Mit versteinerten Holzsplittern übersät ist der Boden in den Bosques Petrificados José Ormachea.

Possierliche Küstenbewohner: Magellan-Pinguine.

»Die Straße ist gerade, grau, staubig, ohne Verkehr. Ein ständiger Wind, der einem den Kopf abreißt. Manchmal hört man einen Lastwagen, man ist ganz sicher, daß es ein Lastwagen ist, aber es war nur der Wind.«

Bruce Chatwin, In Patagonien, 1981

Die Einsamkeit Patagoniens offenbart sich auch an seiner Küste, hier am Cabo Blanco.

Die versteinerten Wälder von José Ormachea (oben) und die Tierwelt der Halbinsel Valdés (Mitte und unten).

strich am Ende der Welt. 1834 kehrte er nach zweijähriger Segelreise an Bord der Beagle nach England zurück. »Wenn ich die Bilder der Vergangenheit hervorrufe«, schreibt Darwin, »merke ich, daß vor meinen Augen häufig die Ebenen Patagoniens vorüberziehen, die von allen als kümmerlich und nutzlos bezeichnet werden. Warum hat sich, und das geht nicht nur mir so, diese dürre Einöde so tief in mein Gedächtnis geprägt?«

Die patagonische Meseta ist eine der ewigen Landschaften der Erde, ewig im Wandel und ewig in ihrer Monotonie, in der die Zeit keine Rolle spielt und der Mensch nur als Gast geduldet, nicht aber zu Hause ist. Die Zeichen der Zivilisation in der Steppe zwischen Río Colorado und Kap Hoorn beschränken sich auf eine Handvoll Städte und ein halbes Dutzend Schotterstraßen, die durch eine unermeßliche Einöde aus Sand und Kies, durchsetzt von Dornenbüschen und Disteln, schnurgerade bis zum Horizont verlaufen. Orte mit mehr als 20000 Einwohnern gelten für patagonische Verhältnisse bereits als »Großstädte«.

Tummelplatz für Tiere. Das Seebad *Puerto Madryn* an der Ruta 3, der Hauptverbindung entlang der patagonischen Atlantikküste, ist der beste Ausgangsort für Tagesausflüge zu den Tierkolonien am Atlantik, so nach *Punta Tombo* weiter im Süden – mit einer Million Tieren die weltweit größte Brutstätte von Magellan-Pinguinen. Oder zur *Península Valdés*, einem Paradies für Meeressäugetiere: An der Caleta Valdés kann man sich den 6 Meter langen See-Elefanten bis auf wenige

Liebhaberstück auf dem sonntäglichen Flohmarkt von San Telmo in Buenos Aires.

Meter nähern. Die an Land eher schwerfälligen Bullen wiegen 4 Tonnen und mehr. Im Golf von San José an der Landenge Carlos Ameghino, welche die Halbinsel mit dem Festland verbindet, liegt das Naturreservat *Isla de Pájaros* (Vogelinsel) mit Zehntausenden von Vögeln, darunter Flamingos, Kormorane und Albatrosse. An der Punta Norte sonnen sich Seehunde und See-Elefanten. Doch die Attraktion der Halbinsel Valdés sind die Südlichen Glattwale, die alljährlich von Juli bis November in die Bucht von Puerto Pirámides schwimmen, um sich dort zu paaren und ihre Jungen zur Welt zu bringen.

Das Geheimnis der schwarzen Schwäne. Am 13. Dezember 1907 bohrte der deutsche Geologe Josef Fuchs bei *Comodoro Rivadavia* nach Trinkwasser – und stieß statt dessen auf Erdöl. Seitdem wird dieser Tag als »fiesta nacional del petróleo«, als Nationalfeiertag des »schwarzen Goldes« von Patagonien gefeiert. Verstreut in der Steppe schwingen heute die Pumpgewichte der Fördertürme auf und ab. Die Stahlskelette heißen aufgrund ihrer skurrilen Form »cisnes negros» – schwarze Schwäne.

Tangoständchen in Buenos Aires' bunten Hafenviertel La Boca, dem Geburtsort des sinnlichen Tanzes.

Unendlich scheint die Weite der Pampa.

Von Schafen und Gauchos. Unendlich weit ist das Land, das der Portugiese Fernando de Magallanes (Magellan) und sein Chronist Pigafetta Patagonien nannten, als sie im Winter 1520 auf ihrer ersten Reise um die Welt an einer trostlosen Küste strandeten. Das Land ist auch heute noch kaum besiedelt, laut Statistik von einem halben Einwohner pro Quadratkilometer. Auf einer Fläche der doppelten Größe Deutschlands leben nur 1,2 Millionen Menschen. Estancias mit Tausenden von Hektar Land und ebensovielen Schafen bilden die Lebensgrundlage für die wenigen Menschen am Ende der Welt.

Die Arbeit der Schafhirten ist hart, ihre Gesichter sind von Wind und Wetter gegerbt. Meist ist der einzige Besitz eines Gauchos sein Pferd, der mit einem Schaffell be-

Traumhafte Lage an den Ufern des Gletschersees Nahuel-Huapí: das »Resort Llao-Llao«.

deckte Sattel, »recado« genannt, ein langes Messer, das »facón«, sowie ein Poncho. In den Sommermonaten zwischen Oktober und Januar treiben sie die Schafe zusammen, damit sie geschoren, desinfiziert und sortiert, markiert oder an ein Schlachthaus verkauft werden können. Wolle – sie ist neben Erdöl und Tourismusdevisen der Reichtum des argentinischen Südens.

Baumriesen aus Stein. Hinter Comodoro Rivadavia kehrt der Reisende dem Atlantik den Rücken und fährt auf der Ruta 26 in Richtung Anden quer durch die unendliche Strauchsteppe. Auf der Suche nach einem Anhaltspunkt inmitten dieser gelben Einöde irrt der Blick über die endlose Weite des Horizonts. Wer aus seinem Auto aussteigt, muß sich schräg gegen den stürmischen Wind stemmen, um nicht umgeweht zu werden.

Rund 150 Kilometer landeinwärts von Comodoro Rivadivia befinden sich die *Bosques Petrificados*, die versteinerten Wälder von José Ormachea. Mineralisierte Baumstämme ruhen als Zeugen der patagonischen Urzeit im ockerfarbenen Gebirge von Abigarrado. Wie riesige Tempelsäulen liegen die steinernen Stämme in der Pampa. Einige sind 35 Meter lang, manche haben einen Durchmesser von 3 Metern und wiegen bis zu 100 Tonnen.

Die argentinische Schweiz. Die Ruta 26 führt weiter nach Río Mayo, wo sie die Ruta 40 kreuzt, die Argentinien über mehrere Tausend Kilometer von der Grenze im Nordwesten bis ganz nach Süden durchzieht. Auf dieser Hauptverbindungsstraße entlang der Anden geht es nun

Patagonien überrascht mit einzigartigen Felslandschaften (großes Bild) und einer vielfältigen Fauna und Flora (oben, Mitte und unten). Die riesigen Schafherden (rechts unten) werden von Gauchos (rechts Mitte) bewacht.

knapp 400 Kilometer in Richtung Norden bis nach *Esquel*, einem beliebten Touristenziel. Von hier aus ist man schnell im Wintersportzentrum La Hoya und dem überaus reizvollen Nationalpark Los Alerces mit seinen dichten Wäldern, seinen schroffen Felsen und den zum Teil noch unberührten Wildwassern und Seen.

Als populärster Ferienort Argentiniens gilt *San Carlos de Bariloche*, rund 280 Kilometer nördlich von Esquel. Das Paradies für Outdoor-Enthusiasten und Naturliebhaber liegt im Schatten der Andenkordillere am idyllischen Ufer des 550 Quadratkilometer großen Gletschersees Nahuel-Huapí. Die patagonische Kleinstadt inmitten der Wildnis hat sich in nur dreißig Jahren zum Tourismusziel Nummer 1 entwickelt. Sogar eines der schönsten Hotels Argentiniens erwartet den Reisenden bei Bariloche: Vom »Resort Llao Llao« genießt man eine phantastische Aussicht auf den fjordähnlichen See, an dessen Ufer Wälder aus Südbuchen und Andenlärchen wachsen.

Der Ort vermittelt dem Besucher aus der Alten Welt ein Gefühl von Vertrautheit, und tatsächlich waren die ersten Siedler im Nordwesten Patagoniens Schweizer, Deutsche und Norditaliener. Die eleganten Schaufenster der Schokoladen-Geschäfte sowie Hotels und Chalets im Alpenländer-Stil zeugen noch heute vom Pioniergeist und Geschäftssinn der Einwanderer aus Europa.

Fortsetzung Seite 130

Die hübschen Schaf-Estancias (oben) bieten Aufenthalte in stilvollem Ambiente (unten).

An der Küste der Tiere

Die schwarz-weißen Magellan-Pinguine bevölkern die argentinische Atlantikküste von der Halbinsel Valdés bis hinab nach Feuerland.

Wale, Robben und Seelöwen – die patagonische Atlantikküste ist ein maritimer Garten Eden für Meeressäugetiere. In der kalten planktonhaltigen Falkland-Strömung finden die Tiere reiche Nahrung. So ziehen Jahr für Jahr im Winter die zur Familie der Bartenwale gehörigen Südlichen Glattwale (Eubalaena australis) in die ruhigen Golfgewässer bei der Halbinsel Valdés. Seit Urzeiten bietet ihnen vor allem der Golfo Nuevo vor Puerto Pirámides ideale Bedingungen zur Überwinterung und Arterhaltung. Hier paaren sich die Wale, und die trächtigen Walkühe bringen hier auch ihre Kälber zur Welt. Schon die Waljungen sind mit 4 Meter Länge bei der Geburt größer als die Dinghis, mit denen Touristen zum Whale-Watching auf das Meer hinausfahren. Auffällig ist der Kopf der Glattwale, der ungefähr ein Viertel der gesamten Körpergröße ausmacht. Wenn die Kälber, gesäugt mit der fettreichen Muttermilch, nach drei Monaten kräftig genug sind, ziehen die mächtigen Tiere im Dezember in den offenen Südatlantik. Aber auch die schwarz-weißen Orca-Wale (Orcinus orca) finden an der Atlantikküste vor der Halbinsel Valdés üppige Fanggründe: Sie ernähren sich von Fischen, Pinguinen und bisweilen auch von Seelöwen und Robben; vor allem die Jungtiere sind oft leichte Beute für diese Giganten des Meeres.

Die Großwale, die früher durch den kommerziellen Walfang fast ausgerottet wurden, stehen in den Gewässern Argentiniens seit 1984 unter Artenschutz. Langsam, aber stetig haben sich seitdem die Säugetiere wieder vermehrt. Heute kommen alljährlich etwa 3000 (von ursprünglich einmal 100000) Glattwale in die Bucht von Puerto Pirámides.

Tierisches Strandvergnügen: Auf der Halbinsel Valdés lebt die einzige See-Elefanten-Kolonie Südamerikas (oben und rechts).

Von Januar bis März ist Paarungszeit bei den Seelöwen (Otaria byronica) auf Valdés. Stammplätze ihrer Kolonien sind Punta Delgada und die Strände rund um den Golfo Nuevo. Seelöwen können recht aggressiv werden, deshalb sollte man immer auf einen ausreichenden Sicherheitsabstand achten. Die über 2 Meter großen und bis zu 300 Kilogramm schweren Männchen tragen nämlich gern blutige Kämpfe um ihren Harem aus.

Die wahren Riesen unter den Robben sind die See-Elefanten (Mirounga leonina): Manche Prachtexemplare unter den Männchen erreichen eine Körpergröße von 7 Metern und ein Gewicht von mehr als 3 Tonnen. Ihre Nase endet in einer rüsselartigen Verlängerung, die den viel kleineren Weibchen fehlt. Punta Norte auf der Peninsula Valdés ist die einzige Kolonie von See-Elefanten in Südamerika.

Ausflug zu den Walen: Ein unvergeßliches Erlebnis ist das Whale-Watching in den Gewässern vor der Halbinsel Valdés. Nur wenige Meter von ihrem Publikum entfernt ziehen die riesigen Tiere an den Booten vorbei.

Wie bei den Orcas, so steht auch bei den See-Elefanten und Seelöwen gelegentlich ein Pinguin auf dem Speiseplan; meist ist das Opfer einer der an der patagonischen Küste heimischen Magellan-Pinguine (Spheniscus magellanicus). Die einen halben Meter großen Tiere sind leicht an ihrer Federzeichnung zu erkennen: Ihr Kopf ist schwarz-weiß, und am oberen Rand ihrer weißen Brust verläuft ein schwarzer Streifen. Eine ihrer größten Kolonien ist Punta Tombo 110 Kilometer südlich von Trelew. Auf einer Landzunge nisten hier von September bis März eine halbe Million Tiere.

Ein Zauberwald von uralten Myrten umgibt dieses Blockhaus auf der Halbinsel Quetrihué am See Nahuel-Huapí.

Der Alte Patagonien-Express, der Esquel mit Ingeniero Jacobacci verbindet, stammt noch aus Pioniertagen (oben). – Ob mit Auto oder Ochsengespann: Auf den Straßen im Anden-Nationalpark Lanín hat man herrliche Aussichten auf Berge, Seen und Araukarienwälder (großes Bild und rechts).

Bariloche ist mit rund 100000 Einwohnern die größte Stadt südlich des Río Colorado. Vor allem jüngere Leute aus Buenos Aires, aber ebenso aus São Paulo und Rio de Janeiro, verbringen ihre Ferien hier in der »argentinischen Schweiz«. Die Skisaison im 20 Kilometer entfernten Cerro Catedral, dem größten Skigebiet der südlichen Halbkugel, dauert von Juli bis Mitte September. Die Talstationen der Lifte liegen auf etwa 1000 Meter Höhe. Eine Seilbahn und Sessellifte bringen die Wintersportler zu herrlichen Pisten auf 2010 Meter Höhe.

In den Sommermonaten von Dezember bis Mai kommen Wanderer und Trekking-Enthusiasten auf ihre Kosten. Ein zwei- bis dreitägiger Rundweg zum Cerro Catedral, dessen zackige Gipfel tatsächlich einer Kathedrale ähneln, führt mitten durch die zerklüftete Bergwelt der Anden. Die Aussicht von der Berghütte »Refugio Lynch« ist atemberaubend. Der Blick schweift weit über den See Nahuel-Huapí, Hunderte von Kilometern über die Andenkordillere und hinunter in die Ebene Patagoniens. Der Nationalpark Nahuel-Huapí bietet viele weitere Freizeitaktivitäten,

darunter Windsurfen, Reiten, Gleitschirmfliegen und Segeln. Eine Bergtour auf den 3554 Meter hohen Vulkan Tronador belohnt den Wanderer mit einem grandiosen Panoramablick auf blauglitzernde Anden-Gletscher. Und auf der Halbinsel Quetrihue steht ein jahrtausendealter Myrtenwald, weltweit der einzige seiner Art. Doch heißt es bald, diese Bilderbuchlandschaften zu verlassen, um in die Hauptstadt von Argentinien zurückzukehren. Rund 90 Kilometer nördlich von Bariloche zweigt die Route nach Nordosten ab und führt über den Verkehrsknotenpunkt Neuquén weiter nach Westen über

Die Bergwelt um den See Nahuel-Huapí (oben) und der Vulkan Lanín (unten) sind besondere Anden-Schönheiten.

Die »Menschen der Erde«

Ganz Patagonien war einst von den Mapuche besiedelt. Jahrhundertelang hatten weder die Inkas auf ihren Eroberungszügen nach Süden noch die spanischen Konquistadoren die Mapuche besiegen können. Das Nomadenvolk aus vielen unabhängigen Stammesgruppen wehrte sich erfolgreich gegen jeden Invasionsversuch. 1541 begann jedoch die Eroberung des Mapuche-Gebietes durch die Spanier unter Führung von Pedro de Valdivia. »La frontera«, das Grenzland, wurde drei Jahrhunderte lang zum Schauplatz eines grausamen Krieges. Erst am 1. Januar 1885 ergab sich Shaiweke als letzter Häuptling der Mapuche mit 700 Männern und 2500 Kindern und Frauen in Junín de los Andes. Menschen (»che«) der Erde (»mapu«) nannten sich die Ureinwohner des argentinischen Südens: Mapuche. Noch etwa eine halbe Million Angehörige des Stammes leben heute im patagonischen Seengebiet an der Grenze zu Chile.

die Hafenstadt Bahía Blanca und die Ruta Nacional 3 nach Buenos Aires. Dort, in der betriebsamen Hektik der Millionenmetropole, sehnt sich so mancher nach der Weite Patagoniens zurück. Nach der Einsamkeit der Anden. Und dem Wind, der einem den Kopf frei bläst.

Große Lupinenfelder blühen am Ostrand der Anden bei Cholila. Hier versteckten sich einst die Ganoven Butch Cassidy und Sundance Kid vor ihren Verfolgern.

Planen und erleben ...

Argentinische Spezialität: Asado – über dem offenen Feuer gebratenes Fleisch.

km	ENTFERNUNGEN	
km	**Buenos Aires**	4684
	405 km	
405	**Mar del Plata**	4279
	434 km	
839	**Bahía Blanca**	3845
	269 km	
1108	**Carmen de Patagones**	3576
	510 km	
1618	**Halbinsel Valdés**	3066
	545 km	
2163	**Comodoro Rivadavia**	2521
	647 km	
2810	**Esquel**	1874
	280 km	
3090	**San Carlos de Bariloche**	1594
	1594 km	
4684	**Buenos Aires**	km

Die Highlights

BUENOS AIRES

Die beiden großen Pferderennbahnen von Buenos Aires sind San Isidro und Palermo. Etwa viermal wöchentlich finden dort Pferderennen statt. Die aufgeheizte Atmosphäre bei den Pferdewetten ist allein schon ein Erlebnis. Ein spannendes Vergnügen ist auch der Besuch eines Polo-Wettkampfes.

ESTANCIA-URLAUB

Rund um Buenos Aires liegen viele herrschaftliche Estancias, die Farmen argentinischer Rinder-Barone. Heute haben einige

Ein Pickup-Truck ist vielseitig.

Estancias im Tourismus ein neues Geschäft entdeckt. Zwei Stunden nordwestlich von Buenos Aires in San Antonio de Areco bieten die Estancias »La Bamba«, »La Porteña« und »Los Patrícios« Reiterferien mit Ausritten in die Pampa. »La Cinacina« veranstaltet täglich eine Gaucho-Show mit Asado, einem Grillfest; eine solche Exkursion kann auch als Tagesausflug gebucht werden.

Das Seebad Mar del Plata ist ein beliebtes Ferienziel der Hauptstädter.

Trelew wurde 1886 von walisischen Einwanderern gegründet.

LA PLATA

Die Hauptstadt der Provinz Buenos Aires wurde 1882 gegründet. Viele der alten Gebäude gehen auf Entwürfe namhafter europäischer Architekten jener Epoche zurück. Berühmt ist La Plata vor allem wegen seines sehr interessanten Naturwissenschaftlichen Museums, dem Museo de Ciencias Naturales, in der Straße Paseo del Bosque. Ausgestellt werden Riesengürteltiere sowie eine Sammlung an Dinosaurier-Skeletten.

MAR DEL PLATA

Die Hochburg der Strandurlauber zeigt ihren Charme eher außerhalb der Saison. Ein Abend im Casino an der Strandpromenade neben dem »Gran Hotel Provincial« kann recht unterhaltsam sein. Die »Villa Mitre« aus der Gründerzeit, Lamadrid 3870, beherbergt das sehenswerte Historische Museum. Am Hafen laden hübsche Restaurants zum Fischessen ein.

DIE HALBINSEL VALDÉS

Von Juli bis Dezember schwimmen die Südlichen Glattwale in die Bucht vor Puerto Pirámides. In der Caleta Valdés leben ganzjährig Robben, Seelöwen und See-Elefanten. Puerto Madryn ist die nächste größere Stadt, von der aus man Tagesausflüge zu dieser wildromantischen Halbinsel unternehmen kann. Puerto Pirámides, 95 Kilometer von Puerto Madryn entfernt, bietet mehrere Pensionen und Campingplätze. Hier lassen sich auch Bootstouren zum Whale-Watching buchen sowie organisierte Ausflüge in das Paradies der Meeressäugetiere. Stilvolles Quartier bietet ein stillgelegter Leuchtturm an der

Versteckspiel in den versteinerten Wäldern von José Ormachea.

Steilküste – die »Hostería« von Punta Delgada.

VERSTEINERTE WÄLDER

Einen Abstecher wert ist das Monumento Natural Bosques Petrificados, die versteinerten Wälder in der Provinz Santa Cruz. Das Naturwunder liegt etwa 250 Kilometer südlich von Comodoro Rivadavia, 50 Kilometer westlich der asphaltierten Straße Ruta Nacional 3 und ist über eine Schotterpiste zu erreichen. Über ein Gebiet von 10 000 Hektar verteilt finden sich die Fossilien von 150 Millionen Jahre alten Araukarien, Zeugen einer Urzeit, als Patagonien noch von dichten Urwäldern bewachsen war.

DER ALTE PATAGONIEN-EXPRESS

Esquel am Osthang der Anden ist der südlichste Punkt des argentinischen Eisenbahnnetzes. Eine traditionsreiche Zuglinie aus der Zeit der Pioniere, der Alte Patagonien-Express, verbindet Esquel mit El Maitén und Ingeniero Jacobacci im Norden. Wie die Schienen einer Modelleisenbahn zieht sich der Strang mit einer Spurbreite von nur 75 Zentimetern durch die patagonische Wüstenlandschaft. Alte, längst museumsreife Dampflokomotiven, Baujahr 1929, rattern noch heute schnaufend mit zwei bis fünf Holzwaggons samt Restauration im Schlepptau durch die Steppe. Sieben Stunden braucht der Zug für die 150 Kilometer lange Strecke nach El Maitén. Alle 30 Kilometer hält das 45 Tonnen schwere Ungetüm quietschend an einer der Geisterbahnhöfe an. Dann füllt ein Maschinist Wasser nach: Der Patagonienexpress verdampft nämlich 100 Liter pro Kilometer. Dieser Ausflug mit Volldampf durch die Steppe bietet dem Reisenden die einmalige Gelegenheit, eine Zugfahrt in die Vergangenheit zu unternehmen.

SAN CARLOS DE BARILOCHE

Der Club Andino von Bariloche informiert über Wanderrouten im Nationalpark Nahuel-Huapí. Trekking-Touren auf den Tronador, den höchsten Gipfel des Naturparks, zum Cerro Catedral sowie ein Ausflug auf die Halbinsel Quetrihue mit ihrem alten Myrtenwald sind nur einige der Attraktionen in der Gebirgs- und Seenlandschaft von Bariloche.

Die Gipfel und Täler der Anden begeistern immer wieder aufs neue.

Kahle Erosionslandschaften prägen das patagonische Tafelland.

Bahnhof im Nirgendwo.

Sehr beliebt ist eine Schiffs- und Bustour vom argentinischen See Nahuel-Huapí über die Grenze zu Chile bei Pérez Rosales, den See Llanquihue bis zum See Todos los Santos.

Keine Angst vor großen Blechtieren: Magellan-Pinguine in Punta Tombo.

Tips für unterwegs

Wer in Patagonien per Anhalter reist, muß darauf gefaßt sein, in dem spärlich besiedelten Land nur alle paar Stunden ein Auto zu Gesicht zu bekommen. Auch wegen der enormen Entfernungen empfiehlt es sich, entweder Überlandbusse zu nehmen oder ein Auto zu mieten.

SOUVENIRS

Das facón, das traditionelle Messer der Gauchos mit silberbeschlagenem Griff, ist ein schönes Souvenir, das an Patagonien erinnert und daheim auch als origineller Brieföffner genutzt werden kann. Wer ausreichend Platz im Gepäck hat, nimmt sich einen Teppich aus Rinderfell mit.

GRÜN, BITTER UND SEHR HEISS!

Mate heißt das Nationalgetränk Argentiniens, ein vitalisierender Tee aus »yerba mate«, den zerstoßenen Blättern und Stengeln des Mate-Strauches (Ilex paraguariensis). Als Mate bezeichnen die Argentinier sowohl den Tee als auch das Gefäß (»el mate«), in dem der grüne Tee gereicht wird – ein ausgehöhlter und getrockneter Kürbis, dessen Rand oft silberbeschlagen ist. Zum Mate gehört die »bombilla«, ein silberner oder schlicht metallener Trinkhalm, der sich unten wie ein Löffel verbreitert. Das Mate-Ritual folgt einer strengen Choreographie: Der »cebador«, der den Mate serviert, gießt nahezu kochendes Wasser in den Kürbis und trinkt diesen ersten Aufguß selbst. Er füllt dann heißes Wasser nach und reicht den Mate weiter. Es bedarf anfangs einer gewissen Übung, um sich an der heißen Bombilla nicht den Mund zu verbrühen.

Abenteuer Aconcagua: Maultierkarawanen bringen die Ausrüstung der Bergsteiger zu einem Basislager auf 4200 Meter Höhe.

Von Chile nach Argentinien

Route 7

Sonnenbaden am Pazifik, Bergsteigen in den Anden, eine Weinprobe in einer der berühmten Kellereien, Wandern in bizarren Felslandschaften, Spaziergänge durch bezaubernde Städte: Für jeden Geschmack etwas bietet diese Fahrt quer durch den südamerikanischen Kontinent.

Gipfelsturm und Weingenuß

Eine natürliche Barriere trennt Chile von Argentinien: Die über 5300 Kilometer lange Grenze zwischen beiden Ländern verläuft zu einem Großteil über die Cordillera de los Andes, deren mächtige Sechstausender zu den höchsten Gipfeln der Welt zählen. Wer die aufregenden Paßstraßen endlich hinter sich gelassen hat, belohnt sich gerne mit einem Glas argentinischen Rotwein der Spitzenklasse.

Chile erstreckt sich von der extrem trockenen Atacama-Wüste im Norden bis zum ewigen Eis der Antarktis über eine Länge von 4500 Kilometern und 38 Breitengraden. Das Land der 2000 Vulkane mißt durchschnittlich lediglich 200 Kilometer in der Breite – und fasziniert jeden Besucher mit seinen unglaublichen landschaftlichen Kontrasten. Wer mit dem Flugzeug in Santiago de Chile landet, genießt bei klarer Sicht schon einen ersten eindrucksvollen Blick über die höchsten Gipfel der Anden. Weiß verschneit erheben sich vor dem tiefen Blau des Pazifiks der 6960 Meter hohe Cerro Aconcagua und der Cerro Mercedario, der 6770 Meter mißt.

Spannende Lektüre an der Plaza España in Mendoza. Die Stufen schmükken die traditionellen Azulejos.

Santiago de Chile. Die Hauptstadt des Landes brütet meist unter einer dichten Dunstglocke aus Smog, denn die Fünf-Millionen-Metropole am Río Mapocho liegt eingekesselt zwischen zwei Kordilleren. Gegründet wurde sie im Jahr 1541 von dem Konquistador Pedro de Valdivia als erste spanische Siedlung in Chile.

In seinem heutigen Stadtbild verbindet Santiago Kolonialgeschichte und Postmoderne. Vor dem neoklassizistischen Gebäude der Hauptpost sticht ein Wolkenkratzer dreißig Stockwerke hoch in den Himmel – in seiner Glasfassade spiegelt sich die ehrwürdige Kathedrale aus dem Jahr 1748. Das Alltagsleben in Südamerikas fünftgrößter Metropole folgt einem gemächlichen Rhythmus. Es geht selbst im Zentrum weniger turbulent zu als in den meisten anderen Großstädten der Welt. Sehenswert ist vor allem der Stadtteil Bellavista am Fuß des Berges San Cristóbal: Mit seinen Restaurants, Theatern und Kunstgalerien vermittelt das Viertel dem Reisenden viel Flair und Bohème-Atmosphäre. In Bellavista lebte auch der berühmteste chilenische Dichter, Pablo Neruda: Sein Haus »La Chascona« in der Calle Fernando Márquez de La Plata 192 lädt zur Besichtigung ein.

Paradiese am Pazifik. Der Pazifik ist von Santiago nicht weit: Auf der Carretera 68 fährt man nur 140 Kilometer bis Valparaíso, dem wichtigsten Seehafen Chiles. »Tal des Paradieses« taufte der Spanier Juan de Saavedra 1536 die Stadt. *Valparaíso* liegt malerisch am Fuß der Küstenkordillere in einer halbrunden Bucht, die sich wie ein Amphitheater zum Meer hin öffnet. Bis zur Fertigstellung des Panama-Kanals war Valparaíso Chiles Tor zur Welt. Tausende von Einwanderern aus der Alten Welt gingen hier nach der entbehrungsreichen Umsegelung des stürmischen Kap Hoorn an Land.

»El Puerto«, wie die Chilenen ihren Hafen kurz nennen, war im 19. Jahrhundert das wirtschaftliche Zentrum des Landes und hatte als erste Stadt Südamerikas Telefon und Gaslaternen. Ein verwinkeltes Labyrinth aus steilen Gassen und Stiegen

Die lebhafte Plaza de Armas ist das historische Zentrum von Chiles Hauptstadt Santiago.

Trägt ein begehrtes Wollkleid: das Alpaka.

Altehrwürdiges zwischen Wolkenkratzern: Die Biblioteca Nacional in Santiago.

charakterisiert die schöne Hafenstadt mit ihren nostalgischen Villenvierteln.
Das benachbarte *Viña del Mar* ist bis heute der beliebteste Badeort Chiles. Früher lebte hier jene Oberschicht, die mit dem chilenischen Salpeterboom zu Reichtum gekommen war. In dem mondänen Seebad mit seinen Palmenalleen, exklusiven Hotels und feinen Sandstränden kann man vor Beginn der Reise über die Anden und durch die argentinische Pampa bis Buenos Aires noch ein paar sonnige Tage am Pazifischen Ozean verbringen.

Lockruf der Berge. In steilen Serpentinen windet sich die Carretera 60 zur argentinischen Grenze hoch hinauf auf das kalte Dach der Anden. Der Reisende durchquert menschenfeindliches Bergland; eisige Winde fegen über die Gebirgspässe. Gut 7500 Kilometer verläuft die Andenkordillere in Nord-Süd-Richtung

In der Caleta Portales von Valparaíso wird fangfrischer Fisch an den Mann gebracht.

»Auf einmal sah ich das
letzte Licht ...,
und sah, ganz nah, dicht
an meinem Gesicht,
wie der Berg Aconcagua
über die Einsamkeit
seines Wuchses gebot,
über die nackte Masse
Schnee,
ein blutiger nacht-
umkränzter Hut.«

Pablo Neruda, Kordilleren, 1967

durch Südamerika. Diese längste Bergkette der Welt bildet die Grenze zwischen Chile und Argentinien. Die Strapazen der Fahrt werden mit grandiosen Ausblicken auf diese imposante Landschaft belohnt.
Die Hochanden Südamerikas sind ein Eldorado für Bergsteiger. »Hunderte von Gipfeln, von leuchtenden, eisbepanzerten Massiven, von kühnen Spitzen aus Granit und Schiefer wurden noch nie bestiegen und bleiben weiterhin eingehüllt in ihr dunkles und stürmisches Geheimnis«,

Weißschäumend brechen sich die Wellen des Pazifischen Ozeans am Strand von Valparaíso.

schwärmte der Pionier Alberto Maria de Agostini (1883–1960). Zeit seines Lebens tauschte der Salesianerpater oft monatelang seine Mönchskutte gegen die Daunenjacke, um als Bergsteiger die südlichen Anden zu erkunden.

Zwischen zwei Welten. Kaum 200 Kilometer Luftlinie trennen Santiago de Chile vom argentinischen Mendoza auf der anderen Seite der Anden. Doch landschaftlich liegen Welten zwischen den grünbewaldeten Hängen der chilenischen Anden am Pazifik und den ariden Steppen der argentinischen Provinz San Luis Mendoza. An der Pazifikküste regnet es oft tagelang ohne Pause, während sich die Pampa mit einem kümmerlichen Jahresniederschlag von etwa 150 Millimetern begnügen muß. Tatsächlich bilden die Anden die schärfste Wetterscheide der Welt. Heftige Westwinde jagen über den Pazifik auf den südamerikanischen Kontinent zu. Sobald sie mit ihren Wolken auf die Anden treffen, regnen sich diese größtenteils auf der chilenischen Seite ab. Wie sonst nur im tropischen Dschungel fallen südlich von

Im Valle de la Luna haben Wind und Wetter bizarre Felsformationen geschaffen.

Mit 6960 Metern ist der Aconcagua der höchste Berg der südlichen Hemisphäre.

Die Kathedrale von Córdoba verbindet koloniale Architektur mit indianischen Stilelementen.

Santiago de Chile bis zu 5 Meter Niederschlag pro Jahr – das Neunfache von Frankfurt. Mit kaum mehr als ein paar Tropfen Wasser brausen die Winde dann weiter über die trockene argentinische Meseta in Richtung Atlantik.

Mekka der Bergsteiger und Skifahrer. Der Grenzübergang nach Argentinien, das ist ein gut 4 Kilometer langer Tunnel, der die unbefestigte Straße über den Gebirgspaß La Cumbre (3854 m) nach Las Cuevas, dem ersten Ort auf argentinischer Seite, ersetzt hat. Als Teil des Panamerican Highway schlängelt sich der »Camino de los Andes« hinter der Grenze in die Steppenlandschaft hinunter.

Puente del Inca, ein Dorf auf 2718 Meter Höhe, ist in den Sommermonaten Januar und Februar der Treff von etwa 2000 Bergsteigern aus aller Welt, die den Aconcagua erklimmen wollen. Maultierkarawanen schleppen die Ausrüstung der Gipfelstürmer hinauf zum Basislager Plaza de Mulas auf 4200 Metern.

Los Penitentes lockt Skifahrer mit herrlichen Abfahrten jeglichen Schwierigkeitsgrades auf Höhen zwischen 2600 und 3200 Metern. Das Wintersportzentrum ist sowohl bei Argentiniern wie auch Chilenen und Brasilianern überaus beliebt.

Die nächste größere Siedlung vor Mendoza heißt *Uspallata*. Landschaftlich sehr reizvoll ist von hier aus ein Abstecher in die *Cordillera del Tigre*. Nördlich von Villavicencio windet sich die Schotterpiste bis auf über 3000 Meter hinauf in die Anden. Die Gebirgsstraße wird nicht zu Unrecht »Los Caracoles« genannt – die Schnecken. Die endlosen Serpentinen kosten viel Zeit und Geduld. Dafür erlebt

In den Grill-Restaurants Argentiniens, den »parillas«, werden hervorragende Fleischgerichte serviert.

Auf mehreren Spuren führt der Verkehr um die Plaza San Martín in Buenos Aires.

man dann von der Paßhöhe Cruz del Paramillo einen phantastischen Ausblick auf die Giganten der Anden: Im Westen ragt der höchste Gipfel, der Aconcagua, mit seinen senkrecht abstürzenden Eiswänden auf; im Südwesten erhebt sich der Cerro Tupungato, und im Nordwesten glitzert der Cerro Mercedario.

Wein aus der Wüste. Die nächste Station ist *Mendoza*. Hier kreuzen sich die Ruta Nacional 7 – die Verbindungsachse zwischen Buenos Aires und Santiago de Chile – und die Ruta 40, die abenteuerliche Nord-Süd-Route Argentiniens von der bolivianischen Grenze bis hinunter an die patagonische Atlantikküste an der Magellanstraße (siehe Seite 106). In Mendoza herrscht Wüstenklima mit heißen Tagen und kühlen Nächten. Trotzdem kann man

Mit Gottes Segen: Am Gebirgspaß La Cumbre (unten), der auf 3854 Meter Höhe Chile mit Argentinien verbindet, blickt eine Christusstatue (oben) auf die ewig eisbedeckten Andengipfel (Mitte).

rund um Mendoza idyllische Weinberge besuchen; Einwanderer aus Italien und Frankreich gründeten in der Mitte des 19. Jahrhunderts Hunderte von Weinkellereien. Über ein weitläufiges Bewässerungssystem mit Kanälen wird das Wasser der Anden in die trockene Landschaft geleitet. Dieser – wenn auch künstliche – Wasserreichtum und nahezu ganzjähriger Sonnenschein garantieren den Winzern einen enorm hohen Ertrag.
Argentinien steht als Weinerzeugerland mit über 20 Millionen Hektolitern weltweit an fünfter Stelle. Neunzig Prozent des Weins werden in den Andenprovinzen Mendoza und San Juan erzeugt. Eine Rundfahrt von Weingut zu Weingut auf lieblichen Landstraßen rund um Mendoza bietet dem Besucher eine angenehme Abwechslung nach der schwindelerregenden Überquerung der rauhen Anden.

Südamerikas grosse Weine

Maipo und Mendoza heißen die beiden Regionen, in denen die besten Weine ganz Südamerikas gekeltert werden. Das Tal des Río Maipo liegt rund 20 Kilometer südwestlich von Santiago de Chile an der Pazifikküste. Die Weinbaugegend von Mendoza befindet sich in der argentinischen Meseta auf gleichem Breitengrad, jedoch am Osthang der Anden. Im chilenischen Maipo-Tal werden vor allem hervorragende Rotweine wie Cabernet Sauvignon und Merlot angebaut. Der Weinbau in Südamerika geht auf die ersten Konquistadoren zurück. Bereits im Jahr 1578 kaperte der Pirat Francis Drake vor der chilenischen Küste ein spanisches Schiff, das 1700 Weinschläuche für Peru an Bord hatte. Argentinien liegt mit seiner Produktion weltweit an fünfter Stelle unter den Weinbauländern. Besondere Qualität erreicht hier die Rebsorte Malbec. Allerdings bauen nur wenige Güter herausragende Weine für den Export an.

Das moderne Stadtbild der Winzer-Hauptstadt ist eine Folge der schweren Erdbeben, die in der Region am Fuß der Anden regelmäßig auftreten. 1861 legte ein Beben die alte Kolonialstadt in Trümmer, und Mendoza mußte ganz neu wiederaufgebaut werden. Viele schattige Parkanlagen entstanden, zur Erholung, aber auch als Schutz im Fall neuer Erdbeben.

Naturphantasien. Weiter auf der Ruta 40 in Richtung Norden erreicht man nach 170 Kilometern *San Juan*. Sehenswert in der sehr adretten Provinzhauptstadt sind das Naturkundemuseum und das Archäologische Museum. Nördlich von San Juan empfiehlt sich ein Abstecher in die grandiosen Naturparks *Talampaya* und *Ischigualasto*. Entlang der Anden fährt man zunächst nach San José de Jáchal und über Villa Unión weiter Richtung San Agustín de Valle Fértil. Landschaftlich äußerst beeindruckend ist der Canyon der 30 Kilometer langen Talampaya-Schlucht. Bizarr von Wind und Wasser erodierte Sandsteinsäulen ragen auf einer Fläche von 270000 Hektar über 100 Meter hoch senkrecht in den Himmel.

Fortsetzung Seite 146

Der Aufstieg auf den Aconcagua setzt eine sehr gute Konstitution voraus (links unten). Über Stock und Stein (ganz oben) geht es mit Maultieren zum Ausgangspunkt am Basislager Plaza de Mulas unterhalb des 5462 Meter hohen Cerro Cuerno (großes Bild). In der »pampa seca«, der trockenen Pampa, blühen die schönsten Kakteen (oben). – Naturbrücke aus erodiertem Gestein bei Puente del Inca (unten).

Eindrucksvoll erheben sich die roten Sandsteinfelsen im Canyon von Talampaya.

Auf abenteuerlichen Wegen

Die Anden bilden auf über 3000 Kilometer Länge die natürliche Grenze zwischen Chile und Argentinien. Der zerklüftete Gebirgswall – la frontera– läßt sich nur auf einer Handvoll Paßstraßen überqueren. Tatsächlich hat die unzugängliche Bergwelt der Anden jahrhundertelang jeden Handel zwischen der chilenischen Pazifikküste und Argentinien verhindert. Mit Ausnahme des äußersten Südens: Patagonien gehört sowohl zu Chile wie auch

zu Argentinien, aber aufgrund der enormen Entfernung von den Hauptstädten Buenos Aires und Santiago de Chile fühlen sich die Menschen am Ende der Welt mehr als Patagonier denn als Chilenen oder Argentinier.
Eine landschaftlich atemberaubende Fahrt zu einem der höchsten Andenpässe läßt sich im Rahmen eines Tagesausflugs mit dem »Tren a las nubes« erleben – dem Zug in die Wolken. Es ist die einzige Eisenbahnverbindung zwischen Chile und Argentinien. Im wüsten Norden Argentiniens windet sich der Touristenzug von Salta über San Antonio de los Cobres bis auf 4220 Meter Höhe zum Viadukt La Polvorilla. Die Eisenbahntrasse durch die Puna, das Hochland der Anden, ist eine Meisterleistung der Ingenieurskunst. Gebaut wurde der Schienenstrang, um die reichen Silber-, Kupfer- und Bleiminen in den Bergen auszubeuten und Buenos Aires mit Antofagasta an der chilenischen Pazifikküste zu verbinden.
Als historisch legendäre Andenüberquerung gilt die Route von Butch Cassidy und Sundance Kid. Die amerikanischen Revolverhelden lebten jahrelang unerkannt in Cholila bei Esquel, bis sie auf schmalen Andenpfaden über die Grenze nach Chile flüchten mußten. Campo Aventura in Puerto Varas bietet unter Leitung des Outdoor-Spezialisten Clark Stede ein abenteuerliches Pferdetrekking an, das den Spuren der beiden Banditen über die Anden folgt.

Von den Anden-Pässen genießt man eine großartige Aussicht, so am Tromenpaß auf den Volcán Lanín (oben). Die unscheinbare Paßhöhe Cruz del Paramillo (Mitte) bietet einen grandiosen Blick auf die Giganten der Anden. – In Futaleufú sind Ochsengespanne typisch (unten).

Willkommen in Argentinien! Die oft abenteuerliche Überquerung der Andenpässe zwischen Chile (oben) und seinem Nachbarn wird mit unvergeßlichen Landschaftserlebnissen belohnt (links).

Eine der schönsten Schiffsreisen Südamerikas verbindet Puerto Montt in Chile mit dem argentinischen San Carlos de Bariloche – die Route der Sieben Seen. Sie führt zunächst über den See Todos los Santos; mit dem Bus überquert man anschließend die Anden am Paß Pérez Rosales, um am Ufer des Nahuel-Huapí in ein Schiff nach Bariloche zu steigen. Der beliebte zweitägige Ausflug führt durch die großartige Landschaft des argentinischen und chilenischen Seengebietes mit seinen mächtigen Araukarien und alten Alercen-Wäldern. Nur wenige wagemutige Pioniere haben die Anden südlich des 48. Breitengrades überquert. Hier erstreckt sich auf einer Fläche von Tausenden von Quadratkilometern das patagonische Inlandeis. Schneestürme, Temperaturen unter dem Gefrierpunkt und Windböen, die mit über 200 Kilometern pro Stunde über die Eisfelder fegen, machen den Vorstoß in das größte Gletschergebiet abseits der Polarkappen zu einer kühnen Herausforderung.

Ein Bummel durch die schattigen Arkaden im Parque San Martín (großes Bild) verrät, weshalb Córdoba sich als schönste Stadt Argentiniens bezeichnet. – Der ausgiebige Besuch einer Weinkellerei ist ein Muß (unten).

Grasende Rinderherden (Mitte) und stolze Gauchos (unten) gehören zum unverkennbaren Bild Argentiniens.

Mit etwas Glück kann man in dieser Schlucht Kondore sehen. Die als König der Anden bekannte Geierart zählt mit einer Flügelspannweite von bis zu 3 Metern zu den größten Vögeln der Erde.
Teil dieses Naturschutzgebietes ist auch die »Ciudad Perdida«, die verlorene Stadt. In einem Becken mit etwa 5 Kilometer Durchmesser hat die Natur sagenhafte Formen geschaffen. Dieses Labyrinth aus Skulpturen in Stein wird von der Felspyramide des Mogote Negro überragt.

Die nächste Sehenswürdigkeit in dieser extremen Wüstennatur ist der benachbarte Parque Provincial de Ischigualasto, besser bekannt als Valle de la Luna – das »Mondtal«. In der bizarr geformten Erosionslandschaft machten Paläontologen 1992 einen sensationellen Fund: das Skelett eines »Coraptors«. Dieser Dinosaurier ist mit 228 Millionen Jahren das älteste bisher entdeckte größere Lebewesen der Erde und markiert den evolutionären Übergang vom Reptil zum Säugetier.

Die Stadt der Gelehrten. Die Ruta 20 verbindet San Juan mit *Córdoba*, der zweitgrößten Stadt Argentiniens. Córdoba, 1573 im Mittelpunkt des Landes gegründet, war lange Zeit die führende spanische Siedlung in Argentinien. Schon 1613 riefen die Jesuiten die Universität von Córdoba als eine der ersten ganz Südamerikas ins Leben. »Córdoba, la docta« wird die Stadt seither in Argentinien genannt – Córdoba, die Gelehrte.
Ein Spaziergang unter den Arkaden und durch die Altstadt rund um die Plaza San Martín bietet dem Besucher eine malerische Zeitreise in die koloniale Vergangen-

heit der Stadt mit ihren vielen Kirchen, Kapellen und Klöstern. Auf Erlaß König Ferdinands II. von Spanien im Jahr 1513 wurden alle spanischen Gründungen in der Neuen Welt im quadratischen Schachbrettmuster rund um eine ebenfalls viereckige, zentrale Plaza angelegt. Córdoba hat Charme, ist sehr ruhig und erholsam. Viele Einwohner von Buenos Aires reisen gern hierher, um einen Urlaub von der lärmenden Hektik der Hauptstadt zu genießen.

Ankunft in Buenos Aires. Über Villa María und Marco Juarez erreicht man zunächst Rosario (siehe Seite 115) und schließlich Buenos Aires. Stundenlang fährt man durch die flache, fruchtbare Pampa, in der die prächtigen Estancias der argentinischen Rinderbarone liegen. Buenos Aires bietet am Ende der Reise das volle Unterhaltungsprogramm einer Weltstadt. Eine Aufführung im Teatro Colón, lange Nächte in den stimmungsvollen Tango-Bars von San Telmo oder ein opulentes Menü in einem der hervorragenden Restaurants von Buenos Aires stellt den glanzvollen Abschluß dieser Reise vom Pazifik zum Atlantik dar.

In Buenos Aires: Plaza de Mayo und Casa Rosada (oben) und der Konsumtempel Galeria Pacífico (Mitte). – Zweierlei Gesichter (links und unten).

Planen und erleben …

Auf Hochglanz polierte Nobelkarosse: Mercedes-Benz-Oldtimer in San Telmo.

↓	ENTFERNUNGEN	↑
km	**Santiago de Chile**	2274
	141 km	
141	**Valparaíso**	2133
	180 km	
321	**Las Cuevas**	1953
	80 km	
401	**Uspallata**	1873
	107 km	
508	**Mendoza**	1766
	161 km	
669	**San Juan**	1605
	136 km	
805	**San José de Jáchal**	1469
	312 km	
1117	**San Augustín de Valle Fértil**	1157
	465 km	
1582	**Córdoba**	692
	692 km	
2274	**Buenos Aires**	km

Die Highlights

SANTIAGO DE CHILE

Treffpunkt der Bohème-Szene ist das Café »El Biógrafo« im Viertel Santa Lucía. Regisseure und Schauspieler, Hippies und neureiche Börsenhändler haben hier ihr Zuhause. Santiago vereint einträchtig eine bunte Mischung unterschiedlichster Lebensstile. Exklusiv zum Essen ausgehen und dabei einen schönen Blick über die Stadt am Fuß der schneebedeckten Anden genießen – kein Ort ist dafür besser geeignet als der Berg San Cristóbal, vor allem bei Sonnenuntergang.
Zu den architektonischen Kleinoden der chilenischen Hauptstadt gehört das koloniale Viertel Barrio Bellavista mit vielen Restaurants und Kunstgalerien. Das historische Zentrum von Santiago liegt um die lebendige Plaza de Armas mit der Kathedrale (1748), dem Rathaus (1892–1895) und dem Palacio de la Real Audiencia (1804).

DER GROSSE SÜDEN

Großartige, kaum erschlossene Nationalparks in den Anden mit reißenden Flüssen, azurblauen Bergseen, tiefeingeschnittenen Fjorden, unzähligen Inseln sowie dichten Regenwäldern machen Chile zu einem Traumziel für Naturliebhaber. Chile hat in den vergangenen Jahren viel Geld in die touristische Infrastruktur investiert. So abgelegen viele Destinationen sein mögen, Reiseveranstalter bieten Programme, die von Mountain-Biking über Rafting, Kajakfahren, Fischen, Bergsteigen, Trekking und Pferdetrekking bis hin zu sanftem Ökotourismus kaum einen Wunsch offen lassen. Das Land am Ende der Welt – unter der menschenrechtsverachtenden Militärdiktatur Pinochets (1973–1990) politisch isoliert – ist als Reiseland wieder salonfähig geworden.

Die Pampa ist das wirtschaftliche Herzland Argentiniens.

Heimat der Schutzheiligen Argentiniens: die Kathedrale von Lujan.

ESSEN & TRINKEN IN CHILE

Fisch und Meeresfrüchte frisch aus dem Pazifik sind die Spezialitäten des Landes. Mit einer »parillada de mariscos« (gegrillte Meeresfrüchte) kann man die Vielfalt an Schalentieren probieren. Landestypische Gerichte sind der »curanto de olla« (Muscheleintopf mit Schwein) und »cochayuyo«, ein mit Wein geköchelter Algenauflauf. Sehr lecker sind die chilenischen Empanadas, halbmondförmige Teigtaschen, gefüllt mit Hackfleisch, Huhn, Ei, Oliven und Käse. Zu den großen Weinen Chiles gehören der Don Melchor, der Viña Concha y Toro sowie die gehaltvollen Cabernet Sauvignons der Kellereien Undurraga oder Cousiño Macul. Das Nationalgetränk Chiles ist Pisco, ein scharfer Schnaps aus mehreren Rebsorten, die samt Schalen vergoren werden.

An der Plaza del Congreso in Buenos Aires.

MENDOZA

Eine Besichtigung verschiedener Bodegas, inklusive erlesener Weinverkostungen, ist eine vergnügliche Unternehmung rund um Mendoza. Zu den ältesten Weinkellereien Argentiniens gehört Gonzalez Videla. Die traditionsreiche Kellerei liegt im Vorort Las Heras. Viel Charme hat die Bodega »La Rural« mit ihrer Hausmarke »San Felipe« in Maipú. Die Weinkellerei bietet das wohl schönste Weinmuseum der Gegend. Zu besichtigen sind auch »Santa Ana« in Guaymallén und »Norton« in Lujan.

Von karger Schönheit ist das Gebiet um Puente del Inca.

La Falda ist ein idyllischer Luftkurort in den Sierras de Córdoba.

AKTIVURLAUB

Reiten, Angeln, Bergsteigen und Skifahren gehören zu den beliebtesten Sportarten Argentiniens und Chiles. Die Anden sind ein Kletterparadies für Bergsteiger aller Nationen. Vor allem der Aconcagua – der höchste Berg außerhalb des Himalaya –, den der Schweizer Matthias Zurbriggen 1897 zum ersten Mal bestieg, zieht Jahr für Jahr Tausende von Gipfelstürmern an. Weniger anspruchsvoll sind die Gipfel Catedral (5300 m), Cuerno (5500 m) und Cúpula (5700 m). Bei Mendoza erhebt sich die Bergkette Cordón del Plata, in der man einfache Bergtouren zu den Gipfeln Pico Bonito, Rincón oder Vallecitos unternehmen kann.
Valle Nevado (Chile) sowie Los Penitentes und Cerro Catedral (Argentinien) heißen die gut erschlossenen, großen Skigebiete im Südwesten Südamerikas. Eines der besten Angelreviere in Argentinien ist der forellenreiche See Nahuel-Huapí bei San Carlos de Bariloche.

Reiten ist Teil der Historie beider Andenstaaten. Ein Ausritt auf einer Estancia oder ein Pferdetrekking in den Anden sind ein unvergeßliches Erlebnis jeder Südamerika-Reise.

Tips für unterwegs

GESUNDHEIT

Chile und Argentinien haben den höchsten Hygienestandard in ganz Südamerika und kennen weder Typhus, Cholera noch andere epidemische Krankheiten. Die medizinische Versorgung ist sehr gut, und viele Ärzte sprechen Englisch und Deutsch.

SICHERES FAHREN

Da die Tankstellen meist weit auseinander liegen, empfiehlt es sich, bei jeder Gelegenheit Benzin nachzufüllen.
Wenn einem auf Schotterpisten ein Fahrzeug entgegenkommt, sollte man als Schutz gegen Steinschlag mit der Hand fest gegen die Windschutzscheibe drücken. Der böige Seitenwind beim Überholen von Lastwagen ist gefährlich. Hält man das Lenkrad nicht fest, schiebt der Wind den Wagen aus der Bahn.

Das dichte Fell der Lamas liefert wertvolle Wolle – doch Achtung: Wer ihnen zu nahe kommt, wird angespuckt.

SOUVENIRS

Geschäfte wie das Artesanía Nehuen und ein Wochenendmarkt an der Straße Pío Nono in Santiagos Stadtviertel Bellavista bieten eine große Auswahl an fein gearbeitetem indianischen Kunsthandwerk.

Die Jesuitenkapelle in Candonga.

In Buenos Aires findet jeden Sonntag an der Plaza Dorrego von San Telmo ein berühmter Flohmarkt statt.

Verwunschene Landschaft aus Ton, Gips und Salz: das Valle de la Luna.

Luxus am Ende der Welt

Drei sehr außergewöhnliche Hotels bieten dem Reisenden in Chile die Gelegenheit zu einem exklusiven Erlebnisurlaub in grandioser, landschaftlicher Umgebung. Das Luxus-Hotel »Explora Salto-Chico« liegt mitten im patagonischen Nationalpark Torres del Paine mit Blick auf das steilgezackte Granitmassiv des Paine. Helle Naturhölzer, die sehr ästhetische Raumaufteilung und das klare Design des Interieurs garantieren Erholung pur inmitten der Wildnis. Das naturnah aus Holz gebaute Hotel »Termas de Puyuhuapi« erreicht man nur mit dem Katamaran. Diese Nobelherberge unter deutscher Leitung liegt in der einsamen Fjordlandschaft im dichten Regenwald vor der Kulisse der pazifischen Bergwelt; sie hat sich auf Wellness-Tourismus inklusive Thalasso-Therapie spezialisiert. Im Schatten meterhoher Farne genießt der Gast in den Freiluftbecken das heiße Thermalwasser. Die Faszination der Wüste bietet ein Besuch des Hotels »Explora en Atacama« inmitten der weißstrahlenden Salinen im Norden Chiles nicht weit von San Pedro Atacama.

Hier wird die Geschichte der Inka faßbar: Machu Picchu, einer der Höhepunkte jeder Peru-Reise.

Durch Peru und Bolivien

ROUTE 8

Die von eisgepanzerten Bergriesen gesäumte Route in den Anden führt von der peruanischen Hauptstadt Lima über Cuzco und den riesigen Titicacasee zur »Stadt des Friedens«, La Paz, und weiter in die spektakuläre Hochgebirgslandschaft des Altiplano.

Vulkane, Lagunen und bunte Märkte

Stätten vergangener Kulturen, tiefe Schluchten, stille Lagunen und eine schier endlose Salzwüste – all dies präsentiert sich vor der imposanten Kulisse der Anden. Einen zusätzlichen Reiz gewinnt die Reise durch den Kontrast zwischen dem spanisch geprägten Leben in den Städten und den kleineren Ortschaften, in denen die einmalige Kultur der Indígenas die Atmosphäre prägt.

Die allermeisten Gäste aus dem Ausland beginnen ihre Reise nach Peru und Bolivien mit einem Flug in die peruanische Hauptstadt *Lima*. Der erste Eindruck, den man auf der Fahrt vom Flughafen in die Stadt gewinnt, ist eher ernüchternd, denn weithin erstrecken sich die Pueblos Jóvenes, die Elendsviertel der Metropole. Die alten Gebäude aus der Kolonialzeit mit ihren typischen Holzbalkonen, die würdevollen Kirchen und die kostbaren Schätze in den sehenswerten Museen wurden, um sie vor dem Verfall zu bewahren, von der UNESCO zum Weltkulturerbe erklärt. Lima tut sich ziemlich schwer damit, Reisende zu einem längeren Aufenthalt zu bewegen, zumal häufig Nebel über der Stadt liegt und die Sicht verhüllt. So machen sich viele bald auf den Weg nach Cuzco, die alte Hauptstadt der Inka hoch oben in den Anden.

Prachtvolle Kopfbedekkungen wie diese sind auf dem Sonntagsmarkt von Tarabuco zu bewundern, wo außer Waren für den täglichen Bedarf auch farbenfrohe Ponchos, Decken und Taschen angeboten werden.

»Nabel der Welt«. Zur Zeit der Inka führten alle Wege nach *Cuzco*, der ehemals goldstrotzenden Hauptstadt eines Reiches, das sich vom heutigen Kolumbien bis nach Argentinien erstreckte. Sie nannte sich »Quosqo«, Nabel der Welt. Touristen erreichen Cuzco mit dem Flugzeug von Lima aus in einer Stunde, sofern sie nicht aus Bolivien über Puno mit der Andenbahn in die gut 3300 Meter hoch gelegene Stadt kommen. Die beschwerliche Anreise von Lima auf dem 1100 Kilometer langen Landweg ist nicht zu empfehlen.
In Cuzcos Altstadt mit ihren roten Ziegeldächern und geschnitzten Balkonen meint man fast, das Säbelrasseln der spanischen Eroberer vernehmen zu können, so nah rücken hier vergangene Epochen. Viele der Straßen sind gesäumt von den fugenlos zusammengesetzten alten Inkamauern, auf denen später koloniale wie moderne Bauten errichtet wurden.

Alte Inkastätten. Lediglich 3 Kilometer nördlich von Cuzco und zu Fuß gut erreichbar, wartet der in Südamerika einzigartige Festungskomplex *Sacsayhuamán*. Unter unsäglichen Mühen müssen die riesigen Steinquader – der größte wiegt etwa 350 Tonnen – hierher geschafft, bearbeitet und paßgenau zusammengefügt worden sein.
Rund 30 Kilometer in nordöstlicher Richtung liegt *Pisac*. Etwa 300 Meter oberhalb des Ortes befindet sich inmitten steiler Felswände eine weitere alte Inkastätte. Die drei gut erhaltenen Tore der Inkaruinen von Pisac künden von der einstigen Bedeutung dieser großen Anlage. Am interessantesten ist der sakrale Bereich mit Tempel- und Palastresten sowie dem *Intihuatana*, einem steil aufragenden Fels, mit dem vermutlich die Sonnenb[illegible] gemessen wurde.

Stolz sind die Einwohner Punos auf ihre Kathedrale an der zentralen Plaza de Armas, deren Fassade typisch peruanische Tiere, Früchte und Blumen zeigt.

Zeugnis alter Kultur: Mumienmaske der Chimú aus dem 13. Jahrhundert.

Südamerikas größter See: der Titicacasee, zur bolivianischen Seite hin gesehen.

La Paz: Die Plaza Murillo ist nach dem Freiheitskämpfer Don Pedro Domingo Murillo benannt.

Von der Inkafestung Sacsayhuamán bietet sich ein besonders schöner Blick auf die in ein weites Hochtal gebettete Stadt Cuzco.

Nicht mit dem Auto, sondern nur mit der Eisenbahn quer durch den Dschungel zu erreichen ist *Machu Picchu*, die den spanischen Eroberern verborgen gebliebene Stadt der Inka. Die weltbekannte und noch immer große Rätsel aufgebende Ruinenstätte erhebt sich 120 Kilometer von Cuzco entfernt inmitten einer überwältigenden Landschaft. Bereits die etwa drei Stunden dauernde Fahrt dorthin ist ein Erlebnis. Man sollte sich im Touristenzug einen Platz auf der linken Seite sichern, von dort aus sind die Ausblicke auf den Río Urubamba, an dem die Strecke entlangführt, und die dahinter aufragenden grünbewachsenen Berge besonders schön.

Zugfahrt mit Aussicht. Ausgesprochen spektakulär zeigt sich das Land der Inka auf der etwa zehn Stunden dauernden Fahrt mit der Andenbahn von Cuzco zum Titicacasee, dem höchstgelegenen schiffbaren See der Welt. Es empfiehlt sich, für diese einmalige Unternehmung einen Platz in der ersten Klasse zu buchen, weil der gute Service das Reisen sehr viel angenehmer gestaltet. Sollte man mit der dünnen Höhenluft Probleme bekommen, sind im Notfall auch Sauerstoffmasken verfügbar. Gewöhnungsbedürftig ist das ohrenbetäubend laute Signalhorn, das vor jeder Kurve und vor jedem Tunnel ertönt. Die an der Strecke liegenden Sehenswürdigkeiten kann man zwar lediglich vom Zugfenster aus, also nur flüchtig erleben, dennoch ist die Fahrt sehr lohnenswert. Nach einer Stunde hält der Zug in Oropesa, das seiner vielen Backstuben wegen als Stadt des Brotes bekannt ist. Der nächste Stopp heißt *Andahuaylillas* – obwohl nur 35 Kilometer von Cuzco entfernt, braucht man zwei Stunden bis hierher. Nach den Ortschaften Urcos und Tinta – in Tinta wurde der Freiheitskämpfer Tupac Amaru II. geboren – erreicht die

»Im bolivianischen Hochland hat die Erde den Charakter und die Ausmaße des Himmels. Mit ihrer wilden geologischen Kahlheit scheint die … aufgetürmte Kordillere Land von einem anderen Planeten zu sein.«

Augusto Céspedes, Teufelsmetall, 1946

Fortbewegung auf peruanisch: Mit etwas gutem Willen haben noch ein paar Mitfahrer Platz.

An der Plaza de Armas von Cuzco.

Der Convento La Recoleta in Sucre wurde 1965 zum Nationalmonument erklärt.

Bahn San Pedro und bei Kilometer 140 den von unzähligen Händlern bevölkerten Bahnsteig von *Sicuani*. Hier kann man sich mit allerlei Eßbarem eindecken. Bis der Zug in Aguas Calientes einfährt, das über zahlreiche warme Quellen verfügt und bereits auf einer Höhe von 4000 Metern liegt, dauert es eine weitere Stunde. Anschließend geht es hinauf zur Paßhöhe *La Raya*, die 4313 Meter hoch gelegen ist. Hier nimmt der Río Urubamba seinen Anfang, er ist einer der Quellflüsse des in den Atlantik mündenden Amazonas. Weil auch der Río Ayaviri hier entspringt, der irgendwann und unter anderem Namen in den Pazifik fließt, gilt La Raya als die Wasserscheide zwischen Atlantik und Pazifik. Der Ort bildet auch das nördliche Ende des Altiplano, der sich zwischen Peru und Bolivien erstreckenden Hochebene. An kleinen Feldern vorbei geht es in dünner Luft weiter, vor dem sich 5443 Meter in den Himmel erhebenden Eisriesen Cerro Cunurana grasen Lamas und Alpacas.

Lebhaft ist das Treiben auf dem Bahnsteig von *Ayaviri*, das 250 Kilometer von Cuzco entfernt ist. In *Juliaca* schließlich werden einige Waggons der Andenbahn abgekoppelt, sie fahren weiter Richtung Küste nach Arequipa. Bis nach *Puno* am Titicacasee, dem Ziel dieses Reiseabschnitts, ist es nun nicht mehr weit; es kann allerdings gut und gern zwei Stunden dauern, bis der Zug wieder abfahrbereit ist. Deshalb ist es ratsam, in den bereitstehenden Bus umzusteigen, der bis Puno nur eine dreiviertel Stunde benötigt. Puno liegt auf 3855 Meter Höhe, und im südamerikanischen Winter, das heißt im Juni bis August, kann es hier nachts empfindlich kalt werden, was in den einfachen, ungeheizten Unterkünften manchmal nur schwer auszuhalten ist. Sehenswert ist die im 18. Jahrhundert fertiggestellte Kathedrale an der Plaza de Armas mit ihrer beeindruckenden Fassade und das

Lamas sind von vielfältigem Nutzen: Ihr Mist düngt die Felder, aus ihrer Wolle werden Textilien gefertigt – und sie sind gute Lastenträger.

Unweit der Plaza Mayor von Lima (rechts oben) steht die prunkvoll ausgestaltete Iglesia de San Pedro (oben). Spektakulär sind die Ausblicke auf das Vilcanotatal (Mitte). – Station auf der Zugfahrt nach Machu Picchu (unten). Der Innenhof der Iglesia de Santo Domingo in Cuzco.

Museo Dreyer mit einer Sammlung präkolumbianischen Kunsthandwerks.

Ein Leben auf Schilf. Als eine der größten Attraktionen am Titicacasee gelten die »schwimmenden Inseln der Uros« inmitten des großen Gewässers. Von Puno aus starten Boote zu den aus fest verschnürten Schilfrohrbündeln und Erde bestehenden Eilanden, auf denen auch heute noch einige hundert Menschen leben. Die Inseln müssen regelmäßig erneuert werden, denn nach sechs bis zwölf Monaten haben sie sich mit Wasser vollgesogen und beginnen zu faulen. Gegen Bares lassen sich die Inselbewohner bereitwillig von den Besuchern fotografieren, etwas Geld bringt ihnen auch der Handel mit Souvenirs. Diese Art, in Kontakt zu kommen, ist nicht unbedingt jedermanns Sache.

Neben Pisac mit seinem betriebsamen Markt (großes Bild) reizt die Inkastätte Tambo Machay (oben), wo Regionaltypisches angeboten wird (ganz unten). Phantasie beweisen die Einheimischen bei der Gestaltung ihrer Kopfbedeckungen (unten).

In die weiße Stadt. Zehn Stunden braucht die Eisenbahn für die Fahrt mit den in Juliaca abgekoppelten Waggons nach *Arequipa*, eine Stadt, die viele für die schönste in ganz Peru halten. Wer die Reise unternehmen will, sollte sich für die Pullman-Klasse mit Heizung und Dekken entscheiden: Es geht über Höhen bis zu 4000 Metern, so daß es entsprechend kalt wird. Da nur Nachtzüge verkehren, bekommt man von der Landschaft auf der 280 Kilometer langen Strecke leider kaum etwas mit. Für die Rückreise empfiehlt sich daher das Flugzeug. Der Flug zurück nach Juliaca dauert nur 35 Minuten und bietet wunderbare Ausblicke auf die schneebedeckten Berge.

Für den Bau der Häuser in Arequipa wurde bevorzugt heller Tuffstein verwendet, was Arequipa den Namen »La Ciudad Bianca«, die weiße Stadt, eingebracht hat. Geprägt wird das Stadtbild von den Patrizierhäusern aus dem 18. Jahrhundert mit ihren schönen Kolonialfassaden, den großen Innenhöfen, den kunstvoll vergitterten Fenstern und den mit Schnitzereien

verzierten Holztüren. Die wohl erstaunlichste Sehenswürdigkeit Arequipas ist jedoch zweifellos der gewaltige Komplex des Klosters Santa Catalina – eine mittelalterliche Stadt in der Stadt mit verwinkelten Gassen und malerischen Plätzen. Besonders reizvoll ist Arequipa auch, weil der immer schneebedeckte 6075 Meter hohe Vulkan Chachani eine so herrliche Kulisse darstellt.

Spektakuläre Schluchten. Allen Reisenden, die das Glück haben, über genügend Zeit zu verfügen, sei der etwa 150 Kilometer von Arequipa entfernte *Cañón de*

Colca, die tiefste Schlucht Lateinamerikas, wärmstens ans Herz gelegt. Die Hänge des Cañóns sind von Terrassenfeldern bedeckt. Zwischen Maca und dem Dorf Pinchollo, das von einer stattlichen Kolonialkirche beherrscht wird, die inmitten unansehnlicher Wellblechhütten steht, steigt die Straße auf 3600 Meter Höhe und wird von meterhohen Kandelaberkakteen und blühenden Opuntien gesäumt. Schönster Punkt des Cañón de Colca ist das *Cruz del Cóndor*. Von hier aus kann man 1200 Meter tief in die Schlucht hinunterschauen und mit etwas Glück sogar Kondore beobachten.

Auf dem Weg nach Bolivien. Zurück in Puno führt die Straße am Titicacasee entlang über Ilave und Juli nach Pomata. Hinter Pomata geht es rechter Hand nach Desaguadero und zu den Ruinen von Tiahuanaco. Wir folgen jedoch der Straße links in Richtung des Grenzorts Yunguyo. Der kleine Ort *Copacabana* liegt bereits

Aus Schilfrohr stellen die Menschen am Titicacasee nicht nur ihre Boote her (oben und Mitte), auch ihre Behausungen, ja ganze Inseln werden aus dem vergänglichen Material gefertigt (unten). Glücklicherweise herrscht an diesem nachwachsenden Rohstoff kein Mangel.

Die Menschen der Anden

In Bolivien leben etwa 8, in Peru 25 Millionen Menschen. Für beide Länder kennzeichnend ist der hohe Anteil an Indígenas – in Bolivien machen sie 65, in Peru 45 Prozent der Bevölkerung aus. Anders als in Bolivien gibt es in Peru viele Mestizen – für diese Mischung zwischen den Nachfahren der spanischen Eroberer und Indígenas verwendet man, vor allem in Peru, auch die Bezeichnung »cholo« – worin eine gewisse Geringschätzung steckt. Der Rest der Bevölkerung beider Länder setzt sich aus Europäern, Afrikanern, Asiaten und Arabern zusammen. Auch gibt es Mulatten sowie »zambos« oder »montuvios« genannte Mischlinge zwischen Schwarzen und Indígenas.

auf bolivianischer Seite. Berühmt ist Copacabana wegen einer aus dunklem Agavenholz geschnitzten Jungfrau Maria aus dem 16. Jahrhundert, von der sich alljährlich viele tausend Wallfahrer Hilfe und Heilung versprechen. Die 1 Meter große Figur, deren Gesicht die gleiche Farbe hat wie das der Verkäuferin auf dem Kirchenvorplatz, befindet sich im ersten Stock der Sakristei hinter dem prächtigen Hauptaltar in einem Glaskasten sitzend.
Am Hafen von Copacabana warten Boote, welche die Reisenden auf die Ausflugsinsel *Isla del Sol* bringen. Von dort geht es mit dem Boot weiter nach Huatajata, wo man in den Bus umsteigt und über Huarina entlang der eindrucksvollen Cordillera Real, der Königskordillere, bis nach La Paz, der »Stadt des Friedens«, fährt. *La Paz* liegt in einem Talkessel dicht am Ostrand des Altiplano in rund 3700 Meter

Fortsetzung Seite 164

Neben Schilf- und Holzbooten (oben und links) verkehren auf dem Lago Titicaca, dem höchstgelegenen schiffbaren See der Welt, auch Tragflächenfahrzeuge. Mit ihnen gelangt man in kurzer Zeit auf die Isla del Sol (großes Bild).

Der Juli ist die beste Zeit, um auf den Lagunen Boliviens Flamingos zu beobachten.

Boliviens edle Metalle

Silber und Zinn spielten in der Geschichte Boliviens – neben Kautschuk und Salpeter – eine außerordentlich große Rolle. Ein Abstecher auf die sogenannte Silberroute bietet nicht nur herrliche Ausblicke auf kurviger Strecke und eine ganze Reihe architektonischer Sehenswürdigkeiten, sondern auch Einblicke in die wechselvolle und dramatische Geschichte des Silber- und Zinnbergbaus. Die historische Silberroute führte von den alten Silberminen um Sucre und Potosí über die Anden bis zum Pazifik. In Bolivien fahren Reisende dieser Route heute auf dem Teilstück von Challapata, das man von La Paz aus auf der Straße 1 über Oruro erreicht, bis Sucre. In Challapata verläßt man die Hauptstraße und folgt dem ostwärts abbiegenden Weg, der in vielen Serpentinen und oft verwegenem auf und ab in Richtung Potosí führt.

Neben Lhasa ist Potosí die höchstgelegene Stadt der Erde, und in der Tat ist die Luft hier oben auf rund 4000 Metern sehr dünn; empfindlich frisch ist es natürlich auch. Im 17. Jahrhundert strotzte die Stadt Potosí vor Reichtum und Wohlstand, die sie den überaus ergiebigen Silbervorkommen des Cerro Rico, des reichen Berges, zu verdanken hatte – und den vielen Indígenas, die als Sklaven unter Tage arbeiteten und dabei zu Tausenden ums Leben kamen. Die Kirchen waren prunkvoll ausgestattet, es gab aus edlen Hölzern gefertigte Paläste, selbst das Straßenpflaster glitzerte silbern. Wer heute durch Potosís Straßen schlendert, spürt nicht mehr viel von dem einstigen Zauber, der von der Stadt ausging, und der Reichtum ist Legende. In etwa 200 der schätzungsweise 5000 Stollen in der Umgebung des Ortes wird noch heute nach Erzen gesucht, zwar sind die Vorkommen rar geworden, doch fehlt es fast gänzlich an

In einer der Minen des Schicksalsbergs Cerro Rico (Mitte) steht eine Skulptur von Tio Jorge, dem Gott der Bergleute (unten). – Knochenarbeit über Tage (oben). – Sucre: Barocker Prunk in der Iglesia de Santo Domingo (rundes Bild).

Auf dem Weg nach Sucre (oben) führt eine Brücke über den Río Pilcomayo (großes Bild). – Denkmal für die Frauen der Minenarbeiter (unten). Das Silber für Potosí wurde in der Casa Real de la Moneda geprägt (links unten).

anderen Arbeitsmöglichkeiten. Für die Erkundung des die Stadt überragenden Silberbergs Cerro Rico und der Minen sollte man gut einen halben Tag veranschlagen. Ebenso kurvenreich geht es durch die Cordillera Central dann weiter nach Sucre, das auf einer Höhe von »nur noch« 2800 Metern liegt. Die offizielle Hauptstadt Boliviens, wie Rom auf sieben Hügeln errichtet, verbreitet mit ihren niedrigen Häuschen, den roten Ziegeldächern, den vergitterten Fenstern und den Holzbalkonen andalusisches Flair. Weil Sucre relativ klein und überschaubar ist, fällt die Orientierung leicht. Am besten läßt sich die hübsche Stadt zu Fuß erkunden.

Auf der Silberroute unterwegs zu sein und das Dorf Tarabuco nicht zu besuchen, hieße, sich einen der interessantesten Sonntagsmärkte Boliviens entgehen zu lassen.

Tarabuco ist nur gut 60 Kilometer von Sucre entfernt; es verkehren regelmäßig Busse. Angeboten wird so ziemlich alles, und die bunte Vielfalt der Waren sorgt zusammen mit den farbenprächtigen Trachten der Frauen und den eigenwilligen Kopfbedeckungen der Männer, die den Helmen der Konquistadoren nachempfunden sind, für einen besonderen Augenschmaus.

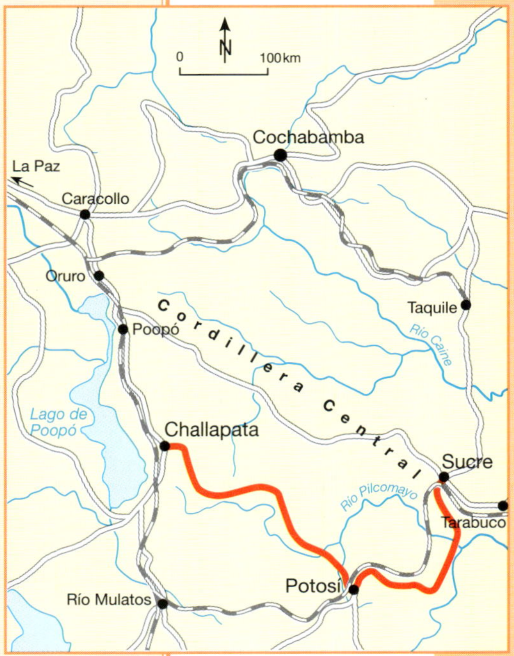

Ein glückliches Lamababy (oben). – Der Cañón de Colca ist den Peruanern zufolge die tiefste Schlucht der Welt (Mitte). – Das Kloster Santa Catalina in Arequipa.

Höhe. In den oberen Regionen der Hänge leben, oft ohne Stromversorgung, die Armen in grell gestrichenen Häusern. Von ihrem bitteren Logenplatz aus blicken sie hinab auf die schmucken Viertel unter sich, wo sich die Reichen, die Militärs und die Diplomaten niedergelassen haben. Dazwischen, im Zentrum rund um die Plaza Murillo, erstreckt sich der alte Stadtkern mit seinen Kolonialbauten, Kirchen, Regierungsgebäuden und modernen Hochhäusern. Zwar ist nicht La Paz, sondern Sucre die Hauptstadt Boliviens, die Geschicke des Landes werden jedoch von hier aus gesteuert.

Salz, Salz, Salz. Der beeindruckendste und selbst erfahrene Weltenbummler immer wieder begeisternde Teil der Route führt in die Region südlich von La Paz. Knappe vier Stunden braucht der Bus von La Paz bis nach Oruro. In Richtung Süden geht es von Oruro aus dann mit der Bahn in etwa sieben Stunden – vorbei am glitzernden Lago de Poopó, der salzigen Verdunstungspfanne des Titicacasees – nach Uyuni. Das Städtchen würde den Besuch nicht unbedingt lohnen, wäre es nicht Ausgangspunkt für Fahrten in den *Salar de Uyuni*, die mit mehr als 12 000 Quadratkilometern größte Salzfläche der Erde. Ihr Untergrund ist vulkanischen Ursprungs, und hin und wieder kann man erleben, wie sich Salzquellen durch die dicke weiße Kruste blubbernd ihren Weg an die Oberfläche bahnen. In Uyuni gibt es zahlreiche Reisebüros und Veranstalter, bei denen man Exkursionen durch den Salar buchen oder auch einen Geländewagen mieten kann. Originell und vergleichsweise durchaus komfortabel übernachten läßt es sich im »Hotel de Sal«:

Inmitten des Salzsees sieht man es mit braunem Grasdach unvermittelt in der weißen Ebene auftauchen. Bis auf das Dach wurde das Gebäude gänzlich aus Salzquadern errichtet. Selbst Tische und Stühle, ja sogar die Betten bestehen aus Salzblöcken.

Fast genau im Zentrum des Salar, gute 60 Kilometer von besagtem Hotel entfernt, ragt, einer Oase gleich, die Isla Pescado aus dem Salz. Auf der Insel recken sich Kakteen bis zu 6 Meter hoch in die Luft, ein Bild, das in dieser Umgebung fast jenseitig anmutet. Besteigen kann man den 5432 Meter hohen Vulkan Cerro Tunupa, der sich am nördlichen Rand des Salzsees erhebt und herrlichste Ausblicke auf die grandiose Salarlandschaft bietet.

Am Ende der Welt. Der weitere Weg nach Süden führt über San Juan, einer Ansammlung flacher Häuser aus Adobesteinen, und den Militärposten Chiguana.

Von Huatajata aus starten viele Boote in den Titicacasee (oben). – La Paz ist die größte Stadt Boliviens (großes Bild). In Arequipa, dessen Plaza de Armas von hübschen Arkaden umgeben ist (unten), haben die öffentlichen Schreiber immer zu tun (Mitte). – Blick auf den 5822 Meter hohen Vulkan Cerro Misti (links).

Possierliche Viscachas (unten) leben auf der kakteenbewachsenen Isla Pescado in der Salzwüste (großes Bild).

Pause auf dem Salar de Uyuni (unten). – Ein gutes Stück weiter südlich warten die phantastisch geformten Felsen Árbol de Piedra (oben) und die Laguna Colorada (rechts).

Ziel sind die *Conjunto de Lagunas*, die zahlreichen Hochlandseen. Fünf von ihnen erreicht man bereits knapp 90 Kilometer hinter San Juan. Jeweils durch eine Bergkuppe voneinander getrennt sind die *Laguna Canapa*, die *Laguna Hedionda*, die *Laguna Chiar Khota* – auf der Flamingos beobachtet werden können –, die *Laguna Honda* und die *Laguna Ramaditas* am Fuß des 5595 Meter hohen Cerro Ascotán. Von einer Anhöhe aus, dem Paso de Inca, geht es anschließend zur *Árbol de Piedra*, einer Felsengruppe, deren interessante, äußerst bizarre Form der Wind geschaffen hat.

Zur wohl spektakulärsten Lagune, der *Laguna Colorada*, gelangt man entlang einer Reihe von Schichtvulkanen nach weiteren 95 Kilometern. Plankton und Algen sorgen dafür, daß sich der See, je nach Tageszeit und Sonnenstand, in einer

Die karge Weite der Cáscara de Huevo scheint schier unendlich (oben). – Die Inseln auf dem Salar dienen Flamingos als Brutplätze (Mitte). Heiß quillt der Geysir Sol de Mañana aus der Erde (unten).

Farbpalette zeigt, die von zartem Rosa bis zu tiefem Blutrot reicht. Ein zusätzlicher Reiz sind die kleinen Inseln aus weißen Mineralien, die wie Eisberge in der Lagune treiben. Auch den noch einmal 35 Kilometer weiter südlich der Laguna Colorada gelegenen Geysir *Sol de Mañana* sollte man sich anschauen: Auf fast 5000 Meter Höhe blubbert kochender Lavaschlamm an die Erdoberfläche.

Am Ende des Lagunentrips, etwa 50 Kilometer weiter südlich, liegt die *Laguna Verde* am Fuß des 5930 Meter hohen Vulkans Cerro Licancábur an der chilenischen Grenze. Ihre tiefgrüne Farbe, verursacht durch die hohe Konzentration an Schwefel, Blei und Kalziumkarbonaten, übertrifft alle anderen Lagunen an Strahlkraft – vor allem in den frühen Nachmittagsstunden, wenn die Sonne leicht schräg auf das Wasser fällt.

Der Weg zurück in die Zivilisation ist weit: Von Uyuni aus fährt ein Bus nach Potosí und weiter nach Sucre, Boliviens offizieller Hauptstadt, wo die Reise endet.

Am Nordrand des Salar de Uyuni: Der Wind trennt die Getreidekörner von der Spreu.

Planen und erleben …

Sehen und gesehen werden auf dem Sonntagsmarkt in Pisac.

km	ENTFERNUNGEN	
km	**Lima**	3755
	(Flugzeug) 1106 km	
1106	**Cuzco**	2649
	190 km	
1296	**La Raya**	2459
	195 km	
1491	**Puno**	2264
	141 km	
1632	**Copacabana**	2123
	158 km	
1790	**La Paz**	1965
	221 km	
2011	**Oruro**	1744
	272 km	
2283	**Uyuni**	1472
	472 km	
2755	**Laguna Verde**	1000
	1000 km	
3755	**Sucre**	km

Die Highlights

CUZCO

Über Cuzco äußern sich die allermeisten Perureisenden absolut begeistert. In der Tat bietet die 3340 Meter hoch gelegene Stadt, in der heute etwa 300 000 Menschen leben, eine faszinierende Mischung aus prächtigen Kirchen und Kolonialbauten einerseits sowie architektonischen Zeugnissen der Inkakultur andererseits. Außerdem geht es in Cuzco ange-

Sehenswert: das prächtige Portal der Kathedrale von Sucre.

nehm entspannt zu. Direkt im Zentrum, an der Plaza de Armas, stehen die Kathedrale und die auf alten Inkafundamenten ruhende Iglesia La Compañia. In der Stadt, in der das Inkareich seinen Anfang nahm, besucht

Noch immer unvollendet: die Kathedrale an der Plaza Murillo in La Paz.

man natürlich auch das Museo Inca, das die großen Kulturleistungen der Inka dokumentiert. Einer der schönsten kolonialen Holzbalkone läßt sich an der Casa Concha bewundern. Wenn man etwas mehr Zeit in der Stadt verbringt – was sich unbedingt empfiehlt – ist man mit dem Kauf eines Boleto Turístico gut beraten. Das Touristenticket ist nicht nur für viele Sehenswürdigkeiten Cuzcos gültig, sondern auch für die Inkastätten in der nahen Umgebung wie etwa die Ruinen von Sacsayhuamán.

MACHU PICCHU

Die Ruinen der »verlorenen Stadt der Inka« zu besuchen, ist ein Muß, wenn man sich in Peru aufhält. Schon die Anreise mit dem Zug von Cuzco aus bleibt unvergessen. Abenteuerlicher ist eine Wanderung auf dem alten Inkaweg, der zu den schönsten Trekkingrouten des Landes gehört; mit etwa 8000 Touristen jährlich ist er auch der beliebteste in den Anden. Der Startpunkt heißt »Kilometer 88«: Vom Bahnhof Cuzco aus nimmt man den noch vor Sonnenaufgang abfahrenden »Indiozug« (Achtung: Er ist meist sehr voll). Bei Kilometer 88 in Corihuayrachina hält er nur kurz, deshalb heißt es, sich samt Ausrüstung rechtzeitig zu den Türen vorzuarbeiten. Für die Wanderung auf den Spuren der Inka bis Machu Picchu muß man vier Tage einplanen. Der Weg, auf dem zwei rund 4000 Meter hohe Steilpässe zu überwinden sind, führt durch magisch anmutende Nebelwälder und eine faszinierende Vegetation an den Inkaruinen Runkuracay, Sayacmarca und Huiñay Huayna vorbei. Die beste Zeit, den Inkaweg zu gehen, sind die Monate Mai bis September. Es ist möglich, die Wanderung selbst zu organisieren, man kann aber auch eine geführte Tour buchen. Allein wandern sollte man keinesfalls.

Ausgelassen und farbenfroh sind die Festumzüge am Titicacasee.

SALAR DE UYUNI

Die schier unendliche Weite der weißen und nach Regenfällen blau schimmernden Salzwüste ist faszinierend, aber nicht ungefährlich. Ohne genauere Ortskenntnisse kann man sich schnell verfahren, deshalb ist es unabdingbar, einen kundigen Begleiter mitzunehmen. Auch an die schnell hereinbrechende Dunkelheit muß gedacht wer-

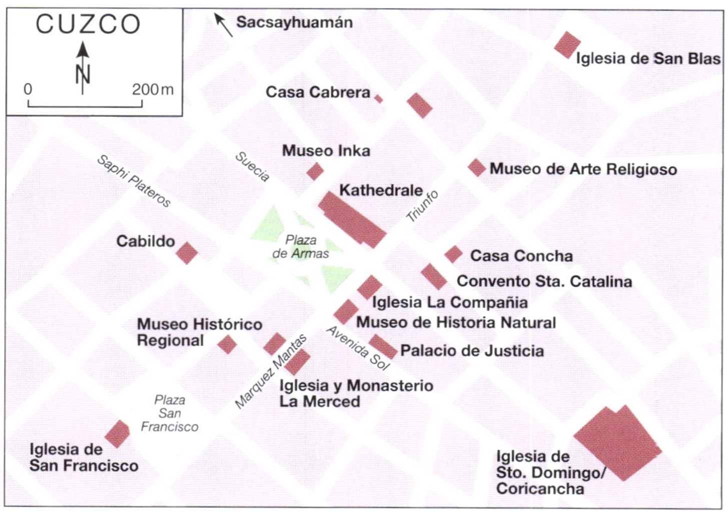

den, dann kann man sich nämlich so gut wie gar nicht mehr orientieren. Wer im »Hotel de Sal« übernachten möchte, sollte rechtzeitig reservieren (Hidalgo Tours, Potosí, Telefon 062-2 51 86, Fax 061-2 27 07).

TITICACASEE
Der See ist eine der Hauptattraktionen im peruanisch-bolivianischen Kulturraum. Der Legende nach entstiegen ihm die Kinder des Sonnengottes

Das Hotel »Inca Utama« in Huatajata wirbt mit allem Komfort.

Inti, um das Reich der Inka zu gründen. Von Puno aus lassen sich verschiedene Bootsausflüge zu den Inseln der Uros auf dem Titicacasee buchen; auch die Fahrt mit dem Katamaran von Copacabana zur Isla del Sol und weiter nach Huatajata ist überaus reizvoll.

CAÑÓN DE COLCA
Der Cañón de Colca zählt zu den Naturwundern Perus. Touristisch interessant sind etwa zwei Drittel der sich rund 100 Kilometer ausdehnenden Schlucht. Einige der spektakulärsten Aussichtspunkte wie das Cruz del Cóndor sind per Bus oder Mietwagen von Arequipa aus zu erreichen.

LAGUNEN
Der Faszination der glasklaren, verschiedenfarbigen Seen, in denen sich schneebedeckte Berge spiegeln und Flamingos beobachtet werden können, kann sich kaum jemand entziehen. Der Anblick der Lagunen entschädigt voll für den weiten und nicht unbeschwerlichen Weg in Boliviens Südwesten.

Tips für unterwegs

Ein besonderes Erlebnis sind die Fahrten mit der Andenbahn zwischen Cuzco und Puno, Oruro und Uyuni sowie der Ausflug mit dem Touristenzug von Cuzco nach Machu Picchu. Um einen der begehrten Plätze zu ergattern, sollte man rechtzeitig am Bahnhof sein oder einige Tage im voraus bestellen. Die Ausstattung der Züge ist spartanisch (Holzbänke), doch gibt es ein Zugrestaurant. Für Touristen empfiehlt sich die erste bzw. die Pullman-Klasse. Lokalkolorit findet man in den »Indiozügen« sowie in der zweiten Klasse.

GESUNDHEIT
Der Aufenthalt in großer Höhe, vor allem auf über 3000 Metern, kann unangenehme Auswirkungen haben – vor allem dann, wenn der Körper nicht genug Zeit hatte, sich darauf

Nur wenn sie sich bedroht fühlen, spucken Lamas.

einzustellen. Die Höhenkrankheit zeigt sich mit Symptomen wie Atemnot, Kopfschmerzen, Übelkeit und Herzklopfen. Schnelle Hilfe bringen Kokablätter, die man in Form von Mate de Coca-Tee zu sich nehmen sollte. Im Ernstfall muß man in tiefere Lagen absteigen.

Der Anblick des Salar de Uyuni läßt alle Strapazen der Fahrt vergessen.

REISEZEIT
Die »klassische« Reisezeit für die Anden sind die Monate Juni bis September. Dann ist es tagsüber sonnig und frühlingshaft warm, wenngleich es nachts bitterkalt wird (bis zu minus 30 Grad Celsius). Warme, wetterfeste Kleidung gehört also unbedingt ins Gepäck.

MIT DEM AUTO UNTERWEGS
Auf Pisten sowie auf ortsnahen Straßen sollte man besonders umsichtig fahren. Die Route südlich von Uyuni ist nur mit einem allradgetriebenen Geländewagen durchführbar.

SOUVENIRS
In Lima und La Paz kann man kunsthandwerkliche Artikel sowie Gold- und Silberschmiedearbeiten mit Inkamotiven erstehen. Schöne Strickwaren aus Alpacawolle gibt es in Cuzco.

Wohlproportioniert: die Iglesia La Compañia in Cuzco.

Vom Bahnhof Oruro aus verkehren mehrmals wöchentlich Züge nach Uyuni.

Auf der sicheren Seite

Bolivien gilt als Südamerikas sicherstes Reiseland, und auch in Peru hat sich die Situation in den letzten Jahren erheblich verbessert. Dennoch sollte man einige Vorsichtsmaßnahmen treffen; in den Augen der Einheimischen sind alle Touristen unermeßlich reich. Die Versuchung, sich durch Diebstahl einen Teil dieses vermuteten Reichtums anzueignen, ist groß, besonders, wenn er offen zur Schau getragen wird. Zwar muß man nicht mit bewaffneten Überfällen rechnen, bei denen Messer oder Pistolen zum Einsatz kommen, wohl aber mit Taschendiebstählen. Auf überfüllten Bahnhöfen und Märkten sowie im Gewühl der Straßen passiert es am häufigsten, daß Touristen Handtaschen oder Kameras entrissen werden. Es ist deshalb anzuraten, keine größeren Geldbeträge mit sich herumzutragen, sondern diese im Hotelsafe einzuschließen. Gepäck muß überall gut im Auge behalten werden. Von Paß, Flugticket, Führerschein, Impfbescheinigungen usw. sollte man sich Kopien anfertigen und diese getrennt von den Originaldokumenten aufbewahren.

Geduldige Träger: Maultiere bringen die Ausrüstung von Bergsteigern durch das Horcones-Tal zum Aconcagua.

Menschen, Orte, Begriffe *Kursive Seitenzahlen verweisen auf Abbildungen*

Menschen

Orte und Begriffe

Hier wurde 1825 die Republik Bolivien gegründet: die hübsche Kolonialstadt Sucre, auch »die weiße Stadt« genannt.

Bildnachweis · Fotografen · Autor · Impressum

Bildnachweis
Olaf Meinhardt fotografierte die Routen 1-4, Hubert Stadler fotografierte die Routen 5-7, Rainer Waterkamp die Route 8.
Anzenberger, Wien: SU Rückseite, S. 24 l. (3), 25 u., 141 o.r., 145 M.r., 172 o.r.(Sattlberger).
Archiv für Kunst und Geschichte, Berlin: Freisteller der Route 8, S. 14 u.l., 15 o.r., M. und u., 17 o.l., 29 o.r., 58 (rundes Bild).
Bildarchiv C.J. Bucher Verlag, München: S. 14 2.v.o. und u.r., 16 o.l., 17 M. und u., 26 l. (3).
Bildarchiv Preussischer Kulturbesitz, Berlin: S. 14 o., 15 o.l., 29 M.r.
Bilderberg, Hamburg: S. 28 M.r. (Engler), 54 o.r., 56 u., 57 o.r. (Ende).
Oliver Bolch, Maria Enzersdorf (A): Freisteller der Route 1, S. 40 u., 42 u., 46 u., 47 u., 49 u., 65 M.r.
Atlantide, Florenz (I): SU Vorderseite o.r., Freisteller der Route 7 (Cozzi), S. 12 o., 22 o.l. (Borchi), 149 2.v.o.r. (Cozzi), 162 u.l., 163 u. (Borchi).
Picture Press, Hamburg: S. 53 (Brakefield), 59 (Arthus-Bertrand).
dpa, München: S. 18 M.u. und u.r., 19 u.r.
Das Fotoarchiv, Essen: S. 19 u.l. (Azran), 28 (Toerge).
Freie Film Kritik, Köln: S. 18 o., 19 o. (2).
Roland E. Jung, Bad Sassendorf: S. 23 o., 102, 103, 104 (3), 107 r. (3), 108 u.r., 109 o.r., 139 M.r., 140 o. und u., sowie ein Kartenbild der Route 5.
laif, Köln: S. 12 u., 13, 20 u.l. und rundes Bild, 22 M.l., 29 M.l. und u. (Gonzalez), 56/57, 57 u. (Linke), 58/59 (Nascimento), 60/61, 65 o.r. (Linke), 93 M.r. (2) (Piepenburg), 110 o. (2), 110/111, 114 u., 116 M., 117 o.r., 127 2.v.o.r., 139 M.l. (Gonzalez).
look, München: S. 26 u., 26/27, 27 M.r. und u., 59 u.r. (Naundorf), 105 o., 114/115, 116 u.r. (Richter), 122 u.l., 127 o.r. (Wothe), 173 o. (Naundorf).
Olaf Meinhardt, Braunschweig: SU Vorderseite o. (großes Bild) und M.r., Freisteller der Route 3, S. 4/5, 30 o. und u., 30/31, 31 u. (3), 172 l. (2), 173 u. (3), 174 u.l. sowie sämtliche Kartenbilder der Routen 1- 4.
Gerald Penzl, Köln: Vorsatz, S. 40 u.r., 43 u.r., 49 u.r.
Roger-Viollet, Paris: S. 92 M. (2).
Martin Siepmann, Geretsried: S. 31 o., 36/37, 38 o., 39 o., 40 M., 40/41, 41 M., 48 M., 49 o.
Süddeutscher Verlag - Bilderdienst, München: S. 18 M.l., u.l und o.r., 19 M.u.
Hubert Stadler, Fürstenfeldbruck: SU Vorderseite u.r., Freisteller der Routen 5 und 6, S. 22/23, 23 u. (3), 24 r. (rundes Bild), 24/25, 25 r. (2), 174 o. sowie 7 Kartenbilder der Route 5 und sämtliche Kartenbilder der Routen 6 und 7.
Ullstein Bilderdienst, Berlin: S. 16 u.l. (2) und r. (2), 17 o.r.
Rainer Waterkamp, Bonn: S. 1, 10/11, 21 u., 22 u. (2), 28 l. (3) und u.r., 150/151, 152, 153 sowie sämtliche Kartenbilder der Route 8.
Horst Welker, Filderstadt: S. 20 o. (2), 20/21, 21 o., 134/135, 140/141, 141 u.l., 149 o.r., 170/171, Hintersatz.
Martin Wendler, Aystetten: Freisteller der Routen 2 und 4, S. 2/3, 27 o.r., 30 M., 55 M., 57 u., 62 o. (2), 84/85, 91 3.v.o.r., 174 o.r.

Alle Karten dieses Bandes zeichnete Annette Hermes, Kartographie Hermes, Göttingen.

Vorsatz: Playa Medina, Venezuela
Hintersatz: Llanganuco-Paß, Peru
Seite 1: Bei Tambo Machay, Peru

Die Fotografen
Olaf Meinhardt reist seit 1982 zu Fuß und mit dem Fahrrad durch die Welt und veröffentlichte in Fotomagazinen. Er fotografierte Teile des Essays und die Routen 1, 2, 3 und 4.
Hubert Stadler veröffentlicht seit 1989 regelmäßig in Reisezeitschriften und Reiseführern und ist Autor zahlreicher Reisebildbände. Er fotografierte Teile des Essays und die Routen 5, 6 und 7.
Rainer Waterkamp bereist seit 1985 als Reisejournalist das außereuropäische Ausland, veröffentlicht Reportagen, Reiseführer, Bilbände und Kalender. Er fotografierte Teile des Essays und Route 8.
Rainer Waterkamp dankt insbesondere Rodrigo Grisi von Magriturismo in la Paz, Juan Quesada von Hidalgo Tours in Potosí sowie Ikarus-Tours und Ruppert Brasil, München, für Rat und Unterstützung.

Die Autoren
Michael Allhoff hat als Journalist und unabhängiger Auslandskorrespondent mehrere Jahre in Argentinien und Mexiko gelebt. Er arbeitet für renommierte deutsche Tageszeitungen und Zeitschriften mit Schwerpunkt auf Reportagen aus Lateinamerika. Er verfaßte den Essay und die Routen 5, 6 und 7.
Klaus Hart studierte Journalistik, ging 1986 für zwölf Jahre als freier Korrespondent für Medien der Schweiz, Österreichs und Deutschlands nach Brasilien, arbeitete u.a. für die Neue Zürcher Zeitung, die ARD und Amnesty International. Er veröffentlichte Reisebücher und -führer sowie Brasilienreportagen. Er schrieb die Routen 2, 3 und 4.
Gerald Penzl ist promovierter Kybernetiker. Er lernte Lateinamerika durch viele Reisen kennen und schrieb Reise-, Kultur- und Sozialberichte über südamerikanische Länder für Buchverlage, Magazine, und Zeitungen. Er verfaßte die Route 1.
Rainer Waterkamp schrieb die Route 8.

Wir danken allen Rechteinhabern für die Erlaubnis zu Nachdruck und Abbildung. Trotz intensiver Bemühungen war es nicht möglich, alle Rechteinhaber zu ermitteln. Wir bitten diese, sich an den Verlag zu wenden.

Alle Angaben dieses Bandes wurden von den Autoren sorgfältig recherchiert und vom Verlag auf Stimmigkeit und Aktualität geprüft. Allerdings kann keine Haftung für die Richtigkeit der Informationen übernommen werden. Für Hinweise und Anregungen sind wir jederzeit dankbar. Zuschriften bitte an Südwest Verlag GmbH, Lektorat, Paul-Heyse-Straße 26-28, 80336 München.

Impressum
Konzeption: Axel Schenck
Lektorat: Marina Burwitz, Christine Waßmann, Jutta Ressel, Gesche Wendebourg
Bildgestaltung: Joachim Hellmuth
Graphische Gestaltung: Werner Poll
Bilddokumentation: Susanne Schauer
Herstellung: Angelika Kerscher, Gabriele Kutscha

Lithografie: Artilitho, I-Trento
Druck und Bindung: Westermann Druck, Zwickau

Das Werk erscheint im Südwest Verlag. Der Südwest Verlag ist ein Unternehmen der Verlagsgruppe Econ Ullstein List Verlag GmbH & Co. KG, München

Printed and bound in Germany
ISBN 3-517-06098-4